VOYAGE A LA HAVANE

DU MÊME AUTEUR

Le Monde hallucinant, Seuil, 1969 ; coll. Points, 1989.
Le Puits, Seuil, 1973.
Le Palais des très blanches mouffettes, Seuil, 1975.
La Plantation, Seuil, 1983.
Arturo, l'étoile la plus brillante, Seuil, 1985.
Encore une fois la mer, Seuil, 1987.
Fin de défilé, Presses de la Renaissance, 1988.
Le Portier, Presses de la Renaissance, 1988 ; Rivages, 1990.
La Colline de l'ange, Presses de la Renaissance, 1989.
Méditations de Saint-Nazaire (illustrations de Jorge Camacho), Meet, 1990.
Adiós à Mamá, Le Serpent à plumes, 1993.
La Couleur de l'été, Stock, 1996.
L'Assaut, Stock, 2000.
Avant la nuit, Julliard, 1992 ; Actes Sud, Babel, 2000.

Titre original :
Viaje a La Habana
Editeur original :
Tryon Publications Inc., Woodlawn VA, USA
© Succession Reinaldo Arenas, 1990

Première publication en français :
Presses de la Renaissance, 1990

© ACTES SUD, 2002
pour la traduction française
ISBN 2-7427-3538-0

Illustration de couverture :
Moïses Finalé, *En esta puta ciudad* (détail), 1993

REINALDO ARENAS

VOYAGE
A LA HAVANE

récits traduits de l'espagnol (Cuba)
par Liliane Hasson

BABEL

Premier Voyage
TANT PIS POUR EVA

À Delfín Prats

La première larme que j'ai versée est tombée sur les mailles de mon point de crochet à quatre aiguilles. Mais j'ai continué à tricoter comme si de rien n'était. Maintenant, les mains trempées, je réalise pour de bon que c'est pour toi que je pleure. Pour toi, Ricardo (j'ai encore du mal à t'appeler ainsi). Et puis ma figure doit être barbouillée de noir à cause de ce fil chinois impossible, mais on n'en trouve pas d'autre. Je commence à me calmer. J'entame le dernier liséré de la jupe. Les finitions. J'attaque le point à quatre mèches et les nœuds français ; c'est le plus difficile, mais j'arrive au bout de mon tricot. Ensuite viendra la dernière touche, le stoppage et l'ultime passepoil à la lame de rasoir (rouillée). Tout sera prêt alors. Voyons, voyons. Cependant, je pense à toi sans cesse. C'est plus fort que moi, hélas, Ricardo (maintenant, je dis ton nom presque sans problème), je pense à toi sans cesse. Au point que j'ai oublié de brancher « Nocturne ». Ça m'est bien égal maintenant, que la Masiel figure ou non parmi les dix premiers au Hit-Parade. J'ai failli m'embrouiller en tricotant les points les plus compliqués. Moi qui connais mieux que personne le secret des aiguilles. Tout cela par ta faute, Ricardo (maintenant je dis ton nom comme si de rien n'était) ; car c'est pour toi que je tricote en ce moment ; mais ce tricot tu ne le verras pas — je le sais bien. J'espère malgré tout que ce sera la plus grande réussite de ma vie, ce qui n'est pas peu dire... Oui, c'est bizarre que mes écheveaux ne se soient pas embrouillés dans un de ces nœuds inextricables. D'autant que tu n'es plus là pour m'aider à dévider la laine. Car je suis restée ici, toute seule, enfermée jour et nuit sans mettre le nez à la fenêtre, sans décrocher le téléphone, pour tricoter. Non, c'est un mensonge de plus, Ricardo. Car ce n'est pas seulement ici que je suis restée. Tout en embrouillant les fils et en jouant des aiguilles, je suis restée avec toi partout. Il m'est même arrivé d'oublier mon tricot, tout en continuant de tricoter ; mes mains si habiles ne m'ont pas trahie, grâce à Dieu... Après tout, heureusement que j'ai pleuré. Heureusement qu'une larme est tombée sur ma paume, cela m'a fait prendre conscience. Alors je me retiens, et je me concentre sur ce que je fais.

Ce que je fais pour toi, Ricardo. Pour toi, Ricardo, ou peut-être pour me venger de toi. Car il y a des choses qu'on ne peut jamais pardonner. C'est peut-être moi qui t'ai pardonné le plus dans la vie. Tu voulais toujours dormir la fenêtre ouverte, tu récriminais toujours à cause des douleurs de maman (d'après toi, elle les inventait) ; tu allais jusqu'à aimer la chanson qui m'exaspérait. Je te donnais toujours satisfaction, Ricardo. Même lorsque tu as voulu poursuivre ce voyage qui n'avait presque plus de sens, j'ai cédé. En rouspétant, mais enfin, j'ai cédé. Il y avait une seule chose que je ne pouvais te pardonner. Précisément celle que tu as faite. Au dernier moment, Ricardo, alors que nous étions sur le point de gagner ensemble notre grande bataille.

Quand je t'ai connu, tu étais d'une telle modestie. Tu venais de province, je crois. Tu étais là, appuyé pour ainsi dire derrière un pilier. J'ai regardé ton pied qui était levé, et j'ai vu des chaussettes tricotées — mais alors là, parfaitement tricotées, Ricardo..., j'en ai été éblouie. Tu as levé ta jambe un peu plus haut, en retroussant ton pantalon comme pour montrer ta chaussette. Mais avec un brin de timidité. Car tu étais timide à l'époque, Ricardo. Puis tu m'as regardée, mine de rien. Je t'ai regardé, moi aussi, comme pour ne pas laisser... Je m'en souviens parfaitement, Ricardo. J'ai fait un autre tour de parc. Je suis encore passée devant toi en feignant l'indifférence, je marchais en balançant mon sac à main gris ardoise aux piqûres de fil d'Hawaii — à l'époque il était très facile de s'en procurer. Je marchais toujours, et quand je me suis retournée, tu m'avais rattrapée. Tu t'es mis à côté de moi, comme pour m'escorter. Nous avons commencé à marcher côte à côte. Tu m'as dit : « Tu as les plus beaux yeux du monde. » Nous avancions... Je m'en souviens parfaitement, Ricardo. À cette époque, la princesse Margaret était à la mode à cause de ce fameux scandale avec le photographe.

Plus tard, quand il y a eu tout ce tapage autour de Liz Taylor-Eddy Fisher-Debbie Reynolds, on s'est mariés.

Moi en robe à traîne surpiquée au fil Ancre de qualité supérieure, tricotée au point de six mailles, avec des aiguilles françaises — du modèle qu'on ne trouve plus, pas même en rêve. Toi, tu portais un frac très ajusté qui te donnait une allure encore plus maigre et plus jeune. Mais ce que l'on remarquait le plus dans ta tenue, c'était ta cravate argentée, que j'avais tricotée avec du fil anglais. « J'ai l'impression d'avoir une daurade attachée autour du cou », m'as-tu dit quand nous avons quitté ce tintamarre. « Tu es ravissant », dis-je, attristée à l'idée que maman ne nous voyait pas (la noce s'était déroulée dans l'après-midi, et elle ne supportait pas le soleil). Mais bientôt ma joie est revenue. Tandis que sous une pluie de riz (à l'époque on pouvait le gaspiller) nous avancions vers l'automobile, j'ai souri à tout le monde, en faisant des saluts dans le style reine Elizabeth. Toi tu arborais un sourire discret, avec une indifférence calculée. En ce temps-là, la mimique de Clark Gable exerçait une certaine influence sur toi. C'est grâce à moi que tu as cessé de l'imiter et que tu t'es mis à la page.

Pendant la lune de miel, j'ai découvert, pour ton plus grand bien, que si tu ramenais tes cheveux sur le devant et te laissais pousser des favoris, cela te donnerait un faux air de Ricky Nelson qui t'irait à merveille. Plus tard, je t'ai persuadé de te faire éclaircir les cheveux, et la ressemblance fut saisissante. Je t'apostrophais devant les gens : « Richard. » Alors tu souriais comme ça, en faisant la moue ; une expression de mépris ou de lassitude s'ébauchait sur ton visage. Dans tes yeux on lisait la gratitude.

Mais nous n'étions encore que des gens ordinaires, Ricardo, c'est à peine si on nous remarquait. On allait à la plage, ça oui, mais malgré ce bikini épatant, cadeau de maman, je ne récoltais que de vagues sifflements et quelques regards appuyés — je réalise à présent que tu t'en réjouissais, ce qui me rend furieuse. On se promenait sur l'avenue des Pins, moi en maillot quasi transparent, style *Soudain l'été dernier*, toi tu portais des sandales à semelles de verre, comme deux grands oursins. Les gens nous regardaient, bien sûr, mais comme on regarde tout le monde, peut-être un peu plus, mais à peine. Pas comme on le méritait. Pas comme on le souhaitait toi et moi, Ricardo... J'ai toujours rêvé de sortir d'une fusée sous les ovations. Descendre, tendre les mains, et disparaître à nouveau dans les nuages. Être soudain Alicia Alonso. Alicia, dans un tonnerre d'applaudissements après l'exécution de ses quarante-quatre fouettés. Alicia, oui, mais sans sa tête de sorcière et avec cinquante ans de moins... Mais rien à faire, Ricardo, nous n'avions pas réussi à nous faire remarquer ni l'un ni l'autre. Même en pleine lune de miel, là où tout le monde allait pour s'amuser, il me semble. Nous avions glané, ça oui, quelques maigres succès. Une bonne femme qui avait mille ans nous a demandé, au bord de la mer, si nous étions des nouveaux mariés ; une autre fois, pendant qu'on fredonnait un air de Luisito Aguilé qui chantait *L'hirondelle voyageuse* sur notre poste, deux gamins sont venus nous demander si c'était une radio à six ou à neuf transistors. Un point, c'est tout.

Les jours s'écoulaient lentement. J'étais désespérée. Toi aussi, Ricardo. Finalement, pour notre dernière nuit à la plage, j'ai décidé de mettre la grande casaque rouge feu tricotée par maman avec des écheveaux de huit mètres de long, à l'aide d'aiguilles portugaises comme on n'en voyait déjà presque plus. Toi, je t'ai dit de te mettre en maillot, avec une chemise t'arrivant aux chevilles. Sur le pas de la porte, j'ai eu l'idée de te passer autour du cou l'interminable écharpe en tricot vert perroquet, que maman avait fourrée à la dernière minute dans la valise en disant qu'à la plage, les nuits sont toujours fraîches. C'est ainsi qu'on est sortis du cabanon. Je tenais le transistor (il y avait la Strada qui chantait) en faisant bien attention de ne pas piétiner ton écharpe quand tu passais devant moi. Nous avons traversé la route bordée de pins où la mer grondait avec une sorte d'ennui et nous avons fait notre entrée au restaurant. « Ô vent, toi qui viens de loin », chantait la Strada à cet instant... Soudain éclata un vacarme assourdissant mêlé au tintement des couverts qui retombaient sur les assiettes. Puis un silence de mort s'empara de toute l'assistance qui nous fixait pétrifiée tandis que nous avancions dans la salle à manger, brisant ce calme par le bruit de nos pas et les mugissements de la Strada. Nous avons atteint ainsi l'une des tables inoccupées au fond de la salle. Alors, d'un geste grandiose qui me stupéfia moi-même, tu soulevas une chaise en grande cérémonie, puis tu la fis glisser sous mes cuisses. Moi, sortant mes jambes de sous ma splendide casaque, je me suis assise à la façon de Sophia Loren dans *La cité disparue*. Assis à côté de moi, tu as bien enroulé l'écharpe autour de ton cou, si bien qu'on ne voyait plus que tes yeux, puis tu as appelé le serveur. En attendant d'être servis, on a écouté le brouhaha qui s'est mis à monter comme la marée sur cette plage tourmentée. Parfois, feignant de te parler, je faisais la moue avec un sourire d'impératrice. Tu m'approuvais, d'un signe de tête discret. « D'où peuvent-ils bien être ? », demandait une femme assise à une table voisine. Comme le serveur tardait à venir, je me suis penchée pour ramasser le bout de ton écharpe que je me suis mise à mordiller. Les éclats de rire fusèrent à une table de jeunes, des sportifs apparemment, qui voulaient à tout prix nous éclipser. Sans résultat d'ailleurs. J'ai ôté ton écharpe de ma bouche, je me suis levée, j'ai grimpé sur une chaise et j'ai appelé le serveur à grands cris en anglais, en français et en italien — maman m'avait appris ces phrases-là. Après, en voyant que fort heureusement, le serveur ne venait toujours pas, je suis montée sur la table en disant *camerott, camarritit*, et autres combinaisons de sons que je venais juste d'inventer. Aussitôt (le brouhaha s'amplifiait), le serveur arriva. J'ai goûté à la soupe délicatement, puis j'ai commandé un plat de sel très fin. « Le plus fin qui soit ! » ai-je répété tandis que le serveur nous regardait déconcerté. « Pour moi, la même chose », as-tu dit, alors l'homme prit note de la commande. « Voilà qu'ils commandent du sel », fit une vieille dame à une autre plus ridée encore. Du coup, les jeunes apparemment sportifs nous ont regardés avec respect. Le sel arriva et moi, très lentement, j'ai pris une cuiller et j'ai commencé à le manger. Je me souviens de t'avoir fait du genou sous la table. Je t'ai dit : « Mange. » Tu t'y es mis à ton tour. Le brouhaha s'amplifia soudain. À la radio, j'ai changé de chaîne et j'ai mis Katina Ranieri. Les gens avaient les yeux braqués sur nous. Après le dessert, je me suis serrée contre toi, j'ai enveloppé mes épaules de ton écharpe et je t'ai embrassé sur l'oreille. Pour payer, nous avons appelé en chœur le garçon dans un magnifique duo de sopranos. Puis, très vite, j'ai pris le bout de la chemise qui t'arrivait aux chevilles, et on s'est mis à danser entre les tables. À la fin, on a entendu des applaudissements et même quelques bravos. De retour au cabanon, notre excitation était totale. J'ai dit « Richard ! » en déroulant ton écharpe. On s'est couchés. Cette nuit-là, tu t'y es très bien pris, Ricardo.

Le lendemain, notre entrée à La Havane fut triomphale. Dès mon arrivée, j'ai mis sens dessus dessous les étagères, les placards et tous les tiroirs de la chambre de maman, et j'ai fait main basse sur les pelotes de fil qui y traînaient encore. C'est toi qui m'as aidé à la capture. Puis tu as écumé les magasins pour rafler les écheveaux de laine que l'on pouvait encore trouver sur le marché. Heureusement, maman ne s'est même pas rendu compte de ce chambardement. Ma tante avait officiellement réclamé sa venue auprès des autorités ; maintenant, elle n'attendait plus que son visa de sortie. Nous en avons profité. Tandis que maman passait sa vie à téléphoner aux ambassades, à remplir Dieu sait quelles paperasses, nous avons pris possession de la maison et nous nous sommes mis à tricoter tranquillement. Le soir, quand tu rentrais exténué (le fil commençait à manquer, et il fallait souvent faire la queue), je t'attendais toujours, ensevelie sous une montagne de fils multicolores dans l'énorme fracas des disques de Pat Boone que je n'ai jamais réécoutés depuis. Nous avons enfin terminé nos premiers costumes. La première pièce, c'est pour toi, Ricardo, que je l'ai tricotée. Un pantalon gris souris aux jambes zippées et aux poches cloutées, qui a fait scandale. Pour moi, j'ai tricoté une robe du soir au point gainé, incrustée de strass. Avant notre première sortie, nous avons passé tout l'après-midi en essayages sous les vociférations de maman qui râlait sans arrêt car elle n'avait pas encore reçu son visa. Nous avons aussi répété quelques danses exotiques, et inventé des pas bizarres tout à fait réussis. Finalement, à l'époque du congrès d'architectes qui avait lieu sur la Rampa, nous avons décidé de faire une descente dans la rue. Maman, qui avait fini par recevoir son visa et figurait maintenant sur une longue liste d'attente pour l'avion, nous a appris quelques danses de son époque dont nous avons pu tirer parti moyennant quelques arrangements, bien sûr ; elle nous a même montré un nouveau point de tricot dont elle avait l'exclusivité. Presque à la dernière minute survint une tragédie. Sans t'en apercevoir, tu avais commencé à grossir. Mais grâce à nous deux — maman et moi — on ne t'accordait qu'une salade toutes les vingt-quatre heures (régime copié sur Judy Garland), tu as repris ton poids normal, mais cela t'avait un peu énervé. Quand vint le jour de notre sortie dans la rue, tu étais plutôt pâle. Maman, qui heureusement conservait quelques produits de Max Factor, a su te transformer convenablement.

Et nous sommes partis vers la Rampa. Quel tintamarre. Toute l'avenue de la Rampa était gardée par des policiers qui, à coups de sifflets et de matraques, se chargeaient de ne laisser passer que les invités. Tu as dit : « Il vaut mieux s'en aller. » « Plutôt mourir », ai-je répondu. Main dans la main, d'une démarche royale, presque vexés d'avoir été invités dans un endroit aussi fréquenté, nous sommes passés devant les soldats sans leur accorder un regard. En nous pavanant dans nos costumes — il n'était déjà pas facile à l'époque de se procurer de tels vêtements — nous fîmes notre entrée sur la Rampa. Il y avait quatre orchestres. L'orchestre Aragón, et d'autres encore plus mauvais... Sans regarder personne, nous nous sommes dirigés vers le pavillon du congrès où étaient rassemblés tous les architectes étrangers, et les architectes rouges de la haute ; les autres étaient restés à la porte. On entendait taper sur un piano. On s'est approchés d'un pas décidé. Les gens, très corrects, s'effaçaient pour nous céder le pas. Nous sommes arrivés au milieu de la salle où chantait Bola de Nieve. Nous nous étions aperçus que les gens cessaient de regarder Bola pour nous dévisager. On a traversé le salon pour prendre place derrière le chanteur. J'avais la jambe en l'air, et les mains sur les hanches ; mon renard argenté tombait de mes épaules jusqu'à terre (parfois le vent le faisait flotter, alors il venait se rabattre sur la tête du chanteur). Toi, debout à côté de moi, une main au menton, l'autre sur mon épaule, tu faisais ondoyer en cachette l'étole quand il n'y avait pas d'air. Quelle trouvaille géniale, Ricardo. Une fois que Bola au piano eut chanté sa célèbre « Ay, mamá Inés », il se leva avec un sourire d'hippopotame et en resta estomaqué, mort. Blanc. Les gens applaudissaient, oui, mais les yeux tournés ailleurs. Vers nous. « Le cocher du Parti », comme l'appelait maman, se remit au piano et furieux, il exécuta d'un trait tout son répertoire. Le piano en fut déglingué. Mais tant pis. Il se remit debout et montra ses crocs brillants. Les gens applaudissaient dans notre direction. Bola, avec un geste de pythonisse blessée, se pencha, se cogna la tête par terre et disparut. Je crois même qu'on l'a hué.

Alors tu t'es mis au piano et d'un seul doigt tu as parcouru tout le clavier. Pendant ce temps, j'arpentais la salle à cloche-pied en soulevant mon étole, bien cambrée. Puis tu t'es levé et tous les deux, au son tapageur produit au loin par ces orchestres répugnants, nous avons exécuté une danse de notre invention. Toutes les figures en étaient sensationnelles. Les gens applaudissaient à tout rompre, c'était du délire... Juste quand on a vu débarquer des types habillés de vert des pieds à la tête, on s'est planqués derrière une grande pancarte, on a traversé la rue grouillante et on est entrés au cinéma La Rampa (ce soir-là, c'était la première de *La dolce vita*). Les applaudissements crépitaient encore.

Au cinéma, malgré l'obscurité, nous avons fait sensation. Les gens dédaignaient Anita Ekberg pour nous observer. Au retour, dans le bus, on a même épaté le chauffeur qui nous lorgnait dans son rétroviseur.

Éreintés, on s'est traînés jusqu'à la maison. Maman, à moitié nue, s'éventait sur le pas de la porte. « Dire qu'on étouffe en plein hiver, dit-elle. S'il me fallait passer un été de plus ici, je me suiciderais. » On ne lui prêta pas la moindre attention. Tandis qu'elle s'éventait fébrilement, on s'est mis à prendre des poses extravagantes, à danser et à jouer les mannequins. Quant à toi, Ricardo, tu as aussi inventé des pas incroyables (tu essayais sûrement dès cette époque de m'éclipser). Après nous avoir regardés un bout de temps avec indifférence, maman a levé son éventail en nous imposant silence. « Ne soyez pas stupides, dit-elle. Vous ne voyez donc pas que toutes vos simagrées ne servent à rien ? Si vous avez provoqué tout ce grabuge, comme vous dites, c'est à cause de ce que vous portiez sur le dos. On ne trouve plus rien dans ce pays. N'importe quelles fringues un peu originales peuvent faire sensation. » Voilà ce qu'elle nous a dit. On en est restés cois, en la regardant. Elle a fait un geste comme pour nous effacer de sa présence et elle s'est éventée à nouveau. « Bonne nuit », lui dis-je en lui effleurant la joue de mes lèvres, comme d'habitude. « Vous le savez parfaitement, a-t-elle insisté — nous lui avions déjà tourné le dos —, si vous vous faites remarquer, c'est grâce à vos vêtements, autrement, pourquoi auriez-vous tricoté comme des fous tous ces temps-ci ? » Elle n'ajouta pas un mot. On est entrés dans notre chambre et on a allumé le tourne-disque. Cette nuit-là, nous avons écouté Mona Bell qui chantait « Une maison au sommet du monde ». Bien plus tard, alors que nous avions déjà éteint le tourne-disque et que nous étions couchés, tu m'as fait : « Je crois qu'elle a raison, la vieille. — Sûrement, ai-je répondu. Mais quelle importance ? Du fil, on en a de reste. » Et j'ai fermé les yeux. Mais aussitôt je me suis mise à te disputer. « Écoute, Richard, tu sais bien que je n'ai jamais aimé que tu traites maman de vieille, après tout, elle n'a même pas encore soixante ans, je crois. » Mais le lendemain, on s'était calmés. On s'est réconciliés en écoutant les vieux disques de Fabian et on a fait des projets à propos des vêtements que nous allions arborer à la manifestation de la place de la Révolution José Martí, qui devait se dérouler dans quelques semaines à l'occasion du 1er Mai, comme l'annonçaient spectaculairement tous les journaux. Les jours passaient. Nous étions si débordés (moi, à tricoter sans arrêt ; toi à faire la queue dans toutes les boutiques de La Havane), que nous avons totalement négligé maman. Un soir, tandis que je m'exerçais au point ajouré qui est affreusement compliqué, et que toi, le fil enroulé autour de tes mains, tu jouais le rôle d'écheveau, nous l'avons entendue hurler au salon en se cognant aux chaises. On a jeté notre ouvrage et on a couru voir ce qui se passait. Maman gambadait à travers la pièce. « Je n'en peux plus », criait-elle, en portant les mains à la poitrine. Elle a fini par se calmer, et nous l'avons emmenée dans sa chambre. « Tirez-moi de là, supplia-t-elle. Vous aussi, vous avez perdu la tête. Je veux quitter cette île maudite. » On lui a donné deux aspirines et un verre d'eau, on l'a bordée dans son lit, on a éteint la lumière de sa chambre, puis nous avons repris notre ouvrage. Les écheveaux que tu tenais s'étaient emmêlés, et il nous a fallu passer le reste de la nuit à faire et à défaire des nœuds, et à rembobiner le fil. Il faisait déjà jour quand nous nous sommes écroulés de fatigue sur le lit ; on y est restés jusqu'au soir. Nous nous sommes remis au travail aussitôt.

L'état de maman empirait. Elle était réellement au bord de la folie. « Elle perd la boule, la vieille », toi-même tu le disais (pourtant tu n'avais jamais cru à ses maladies), quand on l'entendait qui se cognait aux meubles du salon, en marchant à tâtons. Pour ne pas me disputer avec toi, j'évitais de te répondre. Je faisais la sourde oreille. Je disposais l'écheveau autour de tes bras, et je me mettais à tricoter. Le 1er Mai était tout proche et avec la nouvelle tragédie de maman, je tremblais (toi aussi, Ricardo), à l'idée que nos costumes ne seraient pas prêts pour le jour du défilé.

Heureusement, fin avril, maman a fait irruption dans notre chambre. A ma grande stupéfaction, je la vis t'attraper par les cheveux et t'embrasser sur les deux joues. « Je l'ai, mon visa de sortie », s'écria-t-elle en brandissant le télégramme. Aussitôt, j'ai essayé de la convaincre de porter pour le voyage un modèle de ma création ; tout en lainage jaune canari avec des clous à tête dorée sur les côtés, une double rangée de dentelle, jupe et col drapés. Mais elle a refusé. « Pas question, me dit-elle, je ne suis pas un cannibale. Je serai habillée en grande dame. » Elle a pris dans l'armoire ses robes antédiluviennes, persuadée, la pauvre, qu'elles étaient toujours à la mode. Le lendemain, de très bonne heure nous l'avons accompagnée à l'aéroport. Toi, Ricardo, tu as mis ta toque de conducteur de traîneau (c'était encore l'hiver, mais on mourait de chaleur), un tee-shirt à col cheminée, un pantalon et une écharpe à carreaux jaune tournesol, des boots doublés au point de tige et ourlés de nœuds français. J'ai endossé un adorable manteau rose pâle en raphia tissé, à col impérial, aux bordures ajourées et aux boutons matelassés qui avaient l'air de soucoupes volantes ; ma jupe noire était toute plissée, et je portais des bas verts imprimés ton sur ton (en fil d'Espagne, celui que tu avais acheté à la dernière minute au marché noir) ; en guise de souliers, des mules de dame : satin doré et fleurs de soie qui s'enroulaient autour de la cheville. Franchement, c'était un modèle qui aurait ébloui la divine Mary MacCarthy elle-même. Nous avons totalement éclipsé maman. Enveloppée dans un chiffon de soie écrue qui lui descendait aux chevilles, coiffée d'un chapeau style parachute comme on n'en voit plus même en cauchemar, elle avait vraiment tout d'un champignon. « Thank you », dit-elle au chauffeur à notre descente du taxi — Dieu merci, c'est elle qui avait réglé la course. Derechef, elle s'est mise à parler en anglais à tout le monde, si bien que nous n'avons presque rien compris de ce qu'elle nous a dit au moment des adieux. D'ailleurs, l'anglais de maman était passablement pauvre. J'ai l'impression qu'elle ne comprenait pas elle-même ce qu'elle racontait. « Oui, ma vieille », répétais-tu chaque fois qu'elle ouvrait la bouche pour se lancer dans son inépuisable charabia. Maman te foudroyait du regard. Tu disais tout le temps que l'anglais de maman n'allait pas au-delà de « yes », tout le reste n'étant que jargon imbécile, mais il me semble que tu exagérais, Ricardo. Nous l'avons vue disparaître derrière les vitres de la douane, en tête du groupe que l'on escortait vers l'avion. Elle levait les mains en agitant un mouchoir de popeline. Elle voulait se faire remarquer à cet instant extraordinaire pour elle. Elle aurait été fort surprise, je crois, si elle avait jeté un coup d'œil sur la terrasse : elle aurait constaté alors que parmi les parents et amis de ceux qui partaient, aucun, absolument aucun, ne portait ses regards sur la piste où avançait le groupe, moins encore sur elle, mais précisément sur la terrasse. Sur toi et sur moi, Ricardo. J'ai moi-même été surprise quand, au moment de faire demi-tour, je me suis aperçue que tout le monde nous suivait. Nous sommes descendus de la terrasse d'un pas martial, puis nous avons pris le bus. Je ne t'ai pas adressé la parole de tout le trajet. Je t'en voulais, Ricardo, toi qui n'as même pas dit adieu à maman quand sur la passerelle de l'avion elle se désarticulait presque les bras, la pauvre. Mais je ne t'ai adressé aucun reproche. Arrivés à la maison, je t'ai collé la carte de rationnement dans les mains, en te demandant de courir m'acheter le fil bulgare que j'avais découvert dans une vitrine de Rio Verde. Tu y es allé. Aussitôt, je me suis mise à tricoter.

Le 1er mai arriva. Des hymnes fort envahissants retentissaient dans toutes les rues. Des drapeaux criards blessaient la vue dès qu'on mettait le nez dehors. Les radios ne faisaient que ressasser des slogans et autres fanfaronnades énormes. Ce jour-là, forcément, j'ai dû me passer de l'émission *Los Cinco Latinos*, le dernier cri à l'époque.

Heureusement, il nous restait encore quelques-uns de leurs disques et toute la matinée, en ployant sous l'effort de nos préparatifs, nous avons écouté « Oh, Carrol » et « Une nuit de printemps ».

Notre costume était époustouflant, pourtant dès cette époque il devenait difficile de trouver des articles. Mais tu savais « resquiller », tu le disais toi-même, et tu étais fichu de dégoter des pelotes de laine au bout de la terre. Pour ça, je n'ai jamais eu à me plaindre de toi. C'est la pure vérité. Est-ce que par hasard tu conspirais contre moi dès ce temps-là ? Oh là là, après tout, j'aurais mieux fait d'écouter maman. « Méfie-toi des paysans, qu'elle me disait. Ils sont plus tricheurs les uns que les autres... » Bon, il était formidable, le costume que nous devions exhiber ce jour-là. Pour moi, j'ai tricoté avec des aiguilles métalliques, dont on ne voit plus l'ombre, un frac aile-de-corbeau avec ce fil anglais que tu avais échangé contre les vieilles affaires de maman ; mon sac à main, je l'ai tricoté en chanvre de Manille, et il est super une fois teint au bleu de méthylène ; je me suis confectionné aussi une casaque écarlate, assortie à mon bonnet rouge vif style coupole, tricoté au point d'araignée avec les incomparables aiguilles françaises n° 6, du modèle devenu introuvable ; des gants ajourés en fil Ourson et pour envelopper le tout, un châle ressemblant au drapeau cubain, en fil de Chine et laine espagnole. Pour m'abriter du soleil (le défilé, quelle histoire de fous, avait lieu à une heure de l'après-midi), j'ai doublé mon ombrelle d'un tissu au point georgette du meilleur effet, et pour le thermos (celui qui n'emportait pas d'eau était condamné irrémédiablement à mourir de soif), j'ai fabriqué un étui au point résille avec du fil vert caïman, ce qui lui donnait un cachet adorable. Enfin, pour compléter mon attirail, je me suis fabriqué un grand éventail au « pétale de maïs », un point délicat de mon invention. Pour toi, Ricardo, j'ai confectionné un uniforme de milicien — il fallait voir ça ! — avec l'écheveau de huit mètres acheté aux « grosses légumes, les rois de la contrebande », selon tes propres paroles. Pantalon vert olive tricoté à même ton corps, à quatre points couronnés de nœuds en forme de bourgeons à peine éclos ; grandes bottes d'un noir étincelant, avec une rosace ajourée au côté, où étaient illustrées en couleurs, avec des fils chinois, bulgares et portugais, toutes les batailles de la caserne Moncada, copiées de la couverture du dernier numéro de la revue *Bohemia* ; chemise bleu marine, tricotée au point nain avec des aiguilles courbes, enfin le béret vert bouteille, au double point de chaînette, surmonté d'un grand pompon effiloché d'où s'échappaient des flocons multicolores. Avec le reste de la pelote, j'ai voulu faire un grand drapeau que nous porterions à nous deux. Mais tu as refusé. J'ai protesté. Les hymnes étaient devenus intolérables, la rue grouillait de monde. Le défilé allait commencer d'une minute à l'autre. Vêtus de nos costumes uniques, nous nous sommes dirigés vers la place.

Dans toutes les rues, nous avons fait sensation ; un tumulte imposant nous faisait escorte. Le défilé commençait. Tu m'as tenue par la main. Moi, pour ne pas tacher mon gant, je t'ai pris par le doigt. D'abord, à peu près un million de paysans ont défilé, fagotés dans leurs vêtements archaïques et faisant mille contorsions de singes et je ne sais quelle figure de gymnastique qui formait pour finir les lettres d'un gigantesque slogan. On entendait toujours le caquetage des hymnes. C'était à hurler. L'armée défila avec l'orchestre officiel à grand renfort de coups de sifflet, de sonneries de clairons et tout le tintouin. Tout le monde nous regardait et parlait de nous. Nous avons essayé de nous frayer un chemin dans la cohue pour atteindre l'esplanade où avait lieu « le défilé grandiose », à en croire les vociférations accablantes d'une bonne femme qui s'égosillait dans les haut-parleurs. A certains moments, plongée dans cette foule braillarde par une chaleur écrasante, j'ai cru que j'étoufferais si je n'arrivais pas immédiatement sur la grande avenue. Dans ces cas-là, tu dégainais le thermos de son fourreau génial pour me donner un peu d'eau. Presque à coups de poing, on s'est frayé un chemin entre des pancartes, des enfants à moitié morts et des vieillards qui ne tenaient debout que par miracle. La multitude qui nous suivait intégra la manifestation, et il n'y eut plus qu'une seule masse compacte. Une muraille. « Laissez passer, laissez passer », criais-tu pendant que je jouais de l'éventail et donnais des coups d'ombrelle jusqu'à notre arrivée devant le barrage de miliciens qui protégeait le défilé. A ce moment-là, je m'en souviens, défilaient les étudiants, caquetant je ne sais quelles menaces de mort contre l'ennemi. Derrière eux, d'un pas de sénateur, avançait le bataillon de la milice féminine. Le barrage de gardes semblait infranchissable. Mais tu l'as déjoué, Ricardo. « Laissez passer, laissez passer *Prensa Latina* », as-tu crié. Tu m'as attrapée par le bras et on s'est retrouvés en plein milieu de l'avenue en tête du « défilé grandiose ». Les coups de sifflet et les sirènes des voitures de police retentirent. Mais il était trop tard. Nous étions en plein milieu de la rue et nous défilions la tête haute d'une démarche royale. Les étudiants nous suivaient, puis le bataillon de la milice féminine ; ensuite, bouchant toute la rue, les ouvriers regroupés par syndicats, qui portaient d'immenses banderoles et déployaient des affiches si imposantes qu'ils devaient faire des efforts surhumains pour ne pas s'écrouler raides morts. Au loin retentissaient encore les fanfaronnades de l'orchestre officiel. A mesure de notre avance, Ricardo, nous remarquions que tous les applaudissements et tous les regards nous étaient destinés. Chez les étudiants cela frisait le délire. Ils en oublièrent les slogans qu'il leur fallait ressasser avec beaucoup d'enthousiasme et ils se mirent à agiter les bras, à applaudir et peut-être même à nous faire un brin de cour. Mais oui, Ricardo, ils avaient l'air de nous faire la cour à tous les deux en gesticulant et criant au comble de l'excitation. Le bataillon de femmes défilait en gardant le rythme, mais n'avait d'yeux que pour nous, et quand leur guide, d'une voix de fin du monde, hurla : « A droite, droite ! » pour saluer la tribune, personne ne tourna la tête. Plus tard on a entendu le grondement délirant de la masse des travailleurs, suivi de l'énorme vacarme de la manifestation. A deux doigts de semer la panique parmi les autorités, qui elles-mêmes eurent un moment d'extase, nous avons traversé la grande avenue centrale sous les applaudissements nourris, les hourras et les coups de tonnerre lointains des hymnes intolérables. Ensuite, en débouchant sur l'avenue de Rancho Boyeros, on s'est tournés vers le grand rassemblement, on a levé les bras en signe de remerciement et d'adieu, puis on a disparu en plein délire, en pleine confusion... Je sais que les autorités, une fois remises de leur stupéfaction, ont essayé de nous localiser. Mais c'était trop tard.

Triomphants et exténués — les vêtements en lambeaux — nous sommes rentrés chez nous. On a mis *Los Cinco Latinos* et on a passé toute la nuit à nous congratuler en parlant de notre immense succès.

C'est toi Ricardo qui as dit à l'aube — *Los Cinco Latinos*, je m'en souviens, chantaient « Don Quichotte » — « Evattt » (depuis longtemps, tu prononçais sans problème les trois *t* que j'avais mis au bout de mon prénom pour le rendre plus *in*), « Evattt », as-tu dit — je crois t'entendre. « Es-tu certaine que tout le monde nous a regardés pendant le défilé ? » Je n'ai pas répondu tout de suite. Je suis allée éteindre le tourne-disque. Tu étais debout à côté de moi, en nage, et ton pyjama, que j'avais tricoté à toute vitesse, te collait à la peau ; tu m'observais. « Es-tu certaine que tout le monde nous regardait ? » as-tu redemandé. J'ai rassemblé mes souvenirs et j'ai sursauté, prise de frayeur. Mais je ne pouvais pas me laisser impressionner par tes élucubrations, Ricardo. « Bien entendu, Richard, ai-je répondu. Qui aurait pu éviter de nous regarder ? » Tu n'as rien dit. Tu as tiré sur ton pyjama, et d'un bond, tu es allé t'allonger sur le lit. J'ai rallumé le tourne-disque. « Éteins-moi ça, as-tu dit. Tu sais bien que je n'aime pas ces types braillards. » Je suis allée éteindre le tourne-disque. Mais je n'étais pas au courant, Ricardo. Tu ne m'avais jamais dit jusque-là que tu n'aimais pas *Los Cinco Latinos* ; au contraire, j'étais convaincue que tu les adorais. « Je suis certain qu'il y en a un qui ne nous a pas regardés de tout le défilé », m'as-tu affirmé alors que nous étions au lit. Je crois bien que tu as parlé d'une voix un peu rauque comme si tu étais enrhumé.

« Tu es agaçant, ai-je répondu. Tu n'as pas vu que tout le monde avait les yeux rivés sur nous ? — Moi aussi, je me suis aperçu que tout le monde nous draguait, as-tu dit. Mais je ne sais pas. Avec toute cette foule. Il est possible que quelqu'un ne nous ait pas regardés... — Tais-toi, j'ai dit, je suis morte de fatigue. »

Quand je me suis réveillée, c'était le milieu de l'après-midi. Tu avais quitté ma chambre. Je t'ai cherché dans toute la maison. Malgré ma confiance en toi, Ricardo, j'ai fouillé l'armoire, et j'ai découvert que tout l'argent que maman nous avait laissé avait disparu. Sur le moment j'ai perdu la tête et j'ai bien failli prévenir la police. Mais je me suis ravisée. Il était préférable d'éviter tout contact avec ces gens-là. Au bord de la crise de nerfs, incapable de tricoter une seule maille pendant tout l'après-midi, je me suis résignée à t'attendre. Tu es arrivé à bout de souffle, tu as refermé la porte et tu as jeté sur la table l'énorme paquet qui tenait à peine dans tes bras. « Voilà du fil pour un bout de temps, m'as-tu dit. Mets-toi au travail. » Tu m'as donné aussi une bonne douzaine de magazines où l'on voyait les derniers modèles français. Ma colère est retombée aussitôt. Je ne t'ai même pas questionné au sujet de l'argent, Ricardo. Je voyais assez bien que tu l'avais utilisé à bon escient. Pendant que je feuilletais les différents modèles de ces magazines (certains étaient vraiment sublimes), tu m'as raconté toute ton odyssée pour trouver la laine, le fil espagnol et même le fil chinois qui commençait aussi à se faire rare à cette époque. Tu avais même dû vendre ta montre-bracelet ; tu me fis voir ton poignet nu. Mais cela en valait la peine : quel achat extraordinaire... J'ai tricoté jusqu'à l'aube. J'ai inventé des points inouïs. J'ai manié les aiguilles à une telle vitesse qu'au lever du jour j'avais déjà terminé la première pièce, une grande marinière bleu ciel aux incrustations en canevas qui représentaient un paysage sous-marin. Une pure merveille, pour toi, Ricardo. Tu l'as essayée, elle t'allait divinement bien. « On verra si quelqu'un se permet de ne pas nous regarder à présent », as-tu dit, debout devant le grand miroir du salon que nous n'avions pas encore envisagé de vendre. « Personne n'y résistera », t'ai-je répondu en désignant quelques-uns des modèles ravissants dessinés dans les magazines. « Oui », as-tu dit. Mais tu n'avais pas l'air si sûr de toi.

Quant à moi, j'ai continué à tricoter avec ardeur. Toi, tu essayais de m'aider pour tout, tu déroulais les écheveaux, tu mettais le dernier microsillon du groupe *Los Meme*, tu préparais le déjeuner et tu répondais au téléphone. J'ai fini par venir à bout de tous les fils que tu avais apportés. Je t'ai fait des pantalons cintrés à quatre chaînettes, au point fou, des chaussettes au point lapin sur le modèle de la marque « Onze Onze » aujourd'hui disparue, et des chemises à rayures rouge écarlate et vert billard, ainsi que d'autres modèles super-chouettes. Avec le fil espagnol, j'ai confectionné pour moi sept robes adorables, et trois casaques géniales, très décolletées, tricotées au point de Santa Clara qui est si compliqué. Enfin nous avons décidé de faire une sortie, consistant à sillonner toute la ville de La Havane ; ce fut un franc succès.

Quelle équipée, Ricardo, quelle équipée à travers toute la ville de La Havane. On débarquait au milieu des ruines. Devant les façades lézardées, près des terrasses étayées, en plein dans les dépotoirs et les décombres, nous étions seuls à briller et à triompher... Ensuite, pour respirer un peu d'air frais, on s'est promenés dans le hall du Habana Libre, suscitant les réflexions, le scandale ou l'admiration générale. À l'angle des rues L et 23, le brouhaha prit de telles proportions que toi-même, déconcerté, tu t'es arrêté un instant. Se pourrait-il que tout ce remue-ménage soit en notre honneur ?

Eh bien oui, Ricardo. Pour nous ces rires. Pour nous ces ovations. La circulation bloquée. Les femmes en uniforme, l'air de zèbres, qui sifflaient nerveusement et nous regardaient, envoûtées elles aussi... Nous avons marché sur le trottoir, dans ce tohu-bohu ; les gens s'écartaient pour nous livrer passage, et nous sommes arrivés au Coppelia. Quel tourbillon, Ricardo. J'ai bien cru que la plate-forme allait s'effondrer. Les rires, les gens qui s'approchaient pour nous toucher, le brouhaha permanent, la queue qui petit à petit se disloqua. Puis, d'un pas royal, nous sommes montés jusqu'en haut de l'immeuble. Toi en frac tricoté au point illusion imitation batiste, avec ta canne doublée de fils d'or et ton grand chapeau haut de forme jaune tournesol. Moi avec ma minaudière nacrée, mes énormes sabots peints en rouge, ma minijupe dorée décorée d'anneaux métalliques, et un voile transparent qui m'enveloppait de la tête aux pieds. On s'est attablés et la serveuse nous a demandé en bafouillant ce que nous allions prendre. On est ressortis avec cet air indifférent qui nous allait si bien, toujours sous les acclamations. Nous sommes entrés au Gato Tuerto où nous avons éclipsé la Acevedo désespérée, qui s'égosillait. Nous avons fait sensation, Ricardo. Cela, nous en étions certains. Cependant, je te surprenais parfois à scruter le lointain pour découvrir — maintenant je le sais — la personne dont tu pressentais qu'elle ne nous regardait pas. Moi aussi, je tournais la tête et j'imitais tes gestes. Mais rien. Rien du tout. C'était un triomphe : je regardais les serveurs, je regardais les chanteurs, je regardais les tables voisines, les gens debout dans l'embrasure, et je constatais que tout le monde nous regardait. Oui, c'était un triomphe, Ricardo. Pourtant moi aussi, par ta faute, j'avais des doutes. Parfois, je me retournais brusquement, pour tenter de découvrir celui dont tu pressentais (je le pressentais aussi) qu'il nous ignorait. Mais nous n'avons surpris personne, Ricardo. Tout le monde continuait à nous observer. Tu me regardais alors et je te souriais, déjà certaine maintenant de notre succès... Mais hélas, Ricardo, nous revenions à la maison en silence, sans même commenter ce succès. Parfois, même dans les rues si désertes de l'aube, tu te retournais vivement, pour chercher. Puis tu baissais la tête et nous avancions, transpirant sous tous nos lainages.

Pour préparer notre garde-robe d'automne — pour la mode, il faut respecter les saisons, même si dans notre île c'est toujours l'enfer —, tu as vendu, avec mon consentement, la coiffeuse et le fauteuil en osier de maman, et même les gaines qu'elle n'avait pas pu emporter. Je savais bien que les choses prenaient mauvaise tournure, Ricardo : quand tu es rentré à la maison avec seulement quatre caisses de laine, c'est à peine si j'en ai été surprise. Pour compléter notre équipement, on a décidé de vendre les tableaux et les consoles du corridor ainsi que tous les rideaux du salon, qui appartenaient aussi à maman.

Justement à cette date (c'était le temps du yéyé), nous avons reçu la seconde lettre de maman (la première était terriblement ennuyeuse, il n'y était question que du repas qu'on lui avait servi à bord). Elle racontait qu'elle était émerveillée, qu'elle avait déjà vu *Cléopâtre* avec la Taylor, et qu'elle nous attendait. Pour toute réponse, nous lui avons envoyé cette splendide photo de nous prise au bois de La Havane. Tu portais ta veste d'un jaune flamboyant aux rebords galonnés, tricotée à mailles impaires ; moi en coupe éventail, c'était alors le dernier cri ; avec la traîne par-derrière, comme un grand paravent. Je me souviens, maman a été furieuse de notre réponse. Elle nous a traités de cinglés ; nous ne savions pas ce qui nous attendait, a-t-elle dit. « Vous ne savez pas ce qu'est le communisme athée et cruel », nous écrivait-elle en lettres rondes au milieu de la page : « Vous allez voir. » Pauvre maman, elle adorait exagérer les choses. Encore que, pour une fois, elle avait raison : la situation empirait de jour en jour ; le fil était devenu introuvable et, au marché noir, les prix grimpaient vertigineusement. Tu as dû brader, Ricardo, presque tous les ustensiles de cuisine, quelques meubles et les portraits de famille. Y compris l'immense peinture à l'huile où l'on voyait mon grand-père debout, la main posée sur la boule terrestre, rien que ça ; on l'a échangée contre trois cornets de laine anglaise. Mais que faire d'autre ? On ne pouvait pas s'avouer vaincus. On ne pouvait tout de même pas sortir dans la rue en arborant la même tenue que la semaine d'avant ; surtout pas depuis que nous étions devenus célèbres, et qu'on nous harcelait de près. Oui, bien sûr que maman avait raison (ses lettres se succédaient avec la même litanie : il y avait encore moyen de nous en tirer, aurions-nous subi un lavage de cerveau ou quoi), mais s'il y a une chose dont nous étions certains, et toi Ricardo encore plus que moi, c'était que nous ne partirions jamais d'ici... J'avais toujours caressé le rêve de descendre d'une Impala impressionnante, d'emprunter une avenue couverte de tapis rouges et décorée des fleurs les plus exotiques, tandis qu'une musique divine éclate de toutes parts. J'avais toujours voulu être celle qui sort d'une fusée interplanétaire au terme d'un périple jusqu'aux constellations les plus éloignées. La portière s'ouvre ; alors moi, sous les acclamations de millions de personnes, je descends la passerelle... C'est pourquoi nous savons bien que notre place est ici. C'est ici que nous pouvons attirer l'attention. Je sais bien, d'après des magazines que nous ne recevons plus, qu'à Londres une femme allume un bûcher en plein milieu de la rue la plus populeuse, se fait brûler vive, et personne ne prend la peine de la regarder. A New York des maniaques sortent tout nus dans la rue, et seul un policier flegmatique s'intéresse à eux et les emmène en prison sans s'émouvoir... Certes il m'arrive d'avoir peur et de réfléchir aux lettres de maman. Tout est si atroce ici, on est sur le qui-vive, on est persécutés, isolés. Je me pose des questions sur la vie de Sandra Dee et d'Audrey Hepburn ; je me demande s'il est vrai que Marlon Brando se fait vieux et que Diana Varsi n'a plus jamais tourné de film. Ingrid Bergman est peut-être morte mais les journaux d'ici ignorent la nouvelle et préfèrent nous renseigner sur le nombre de *caballerías* de pommes de terre ensemencées dans je ne sais quelle exploitation régionale ou autre lieu insupportable. Oui, sans doute. Dernièrement, j'ai appris que la Mansfield était morte carbonisée. Je l'ai appris par un coup de veine, en lorgnant la couverture d'un magazine étranger que quelqu'un feuilletait dans le bus. C'est vraiment épouvantable. On ne reçoit plus un seul disque des Beatles ; un jour on m'a même raconté que Fabian s'était suicidé. Mais je n'ai pas pu m'en assurer. Rien à faire. Oui, c'est épouvantable, mais notre place est ici. Descendre d'une Impala, oui, mais ici, à la cafétéria du Capri, dans la queue du Coppelia ou devant les ruines du Parc central où nous savons bien que nous allons attirer l'attention. Car ici, il n'y

a pas d'Impala, il n'y aura pas de fusées interplanétaires...
Maman avait raison, c'est sûr. Sûr que les choses vont de
mal en pis (il nous arrive même de sauter un repas), mais
c'est justement pour cela que nous devons rester ici.
Autrefois, sortir dans la rue en tunique de coupe impériale
ornée de paillettes, c'était monnaie courante. Aujourd'hui
c'est un événement. Je m'en souviens encore, quand j'étais
petite, maman m'avait emmenée à une grande réception
chez Mmes de Villalta ou allez savoir qui. Avec ces dames
sur leur trente et un, bardées de diamants, cousues d'or et
de pierreries incroyables, uniques au monde, il n'y avait rien
à faire. Rien. Impossible de rivaliser. J'en fus totalement
éclipsée, humiliée. Encore qu'à l'époque notre situation
n'était pas si mauvaise. Ma robe, ce n'était pas du flan.
N'empêche que j'ai été tout à fait tenue à l'écart ; j'ai juré
alors de ne plus remettre les pieds dans les réceptions de ce
genre de femmes extrémistes... Notre place est ici, naturellement. Tu le savais mieux que personne, Ricardo. Tu ne
faisais même aucun commentaire sur les lettres de maman.
Toi qui étais toujours si prévoyant... Oui, c'est bien toi qui
m'as ouvert les yeux sur notre situation. Je m'en souviens
encore. C'est toi qui as dit une fois que les vrais héros,
c'étaient nous. « Car là où chacun est un héros, le seul qui
l'est réellement, c'est celui qui ne veut pas l'être », as-tu
déclaré. Je me souviens de tes paroles, Ricardo, ce soir-là à
El Carmelo, tandis que nous prenions la fuite en sautant de
table en table avec la police à nos trousses. A cette époque,
nous étions devenus immensément célèbres.

C'est pourquoi nous avons tenu bon malgré les persécu-
tions continuelles. On faisait irruption au moment le plus
inattendu : dans le tumulte de la Rampa, dans le tohu-bohu
de la plage, à l'orchestre du García Lorca, juste avant le
début du spectacle. On faisait irruption ; quel choc, alors.
Quand on se sentait vraiment harcelés, on faisait demi-tour
et on disparaissait, magistralement. Le public nous acclamait. Les hurlements agressifs des sirènes de police se
mêlaient au vacarme des applaudissements.

On s'affichait toujours, Ricardo. On faisait toujours

sensation, partout à La Havane. On suscitait l'admiration de tous... De tous les gens de La Havane ? De tout le monde ?... Hélas, Ricardo, si j'avais pu le croire autrefois, je ne pouvais plus en dire autant. Tu as été le premier à soupçonner quelque chose ; certes, nous provoquions des réactions spectaculaires sur notre passage, mais quelqu'un, que nous n'avions pas encore repéré, évitait toujours de nous regarder. Ce quelqu'un avait plus d'importance que tous les autres réunis. Ce quelqu'un, hélas Ricardo, semblait être partout, à nous épier sans nous regarder. Il nous embêtait justement parce qu'il tenait si peu à nous embêter ; par son indifférence même. Mais où était-il ? Où se cachait-il ? Sur quel balcon imposant nous tournait-il le dos ? Où était-il fourré ? Nous n'en savions rien. « Il n'est nulle part, Ricardo. Il n'existe pas », te disais-je. Tu ne daignais pas me répondre. Tu tournais la tête pour scruter dans toutes les directions. « Regarde, tout le monde nous observe, ils sont médusés. Regarde, Richard. » Tu me regardais, juste un instant. Avec un pâle sourire.

Il y eut d'autres visites. Pour le Festival de la Chanson de Varadero (le twist était encore à la mode) on a vendu le matelas de maman, le service à thé qu'elle n'avait jamais utilisé, sa baignoire personnelle et sa collection d'éventails soi-disant japonais. Nous avons investi le tout en fil et en aiguilles françaises. Pour le voyage et le séjour, nous avons décidé de vendre le réfrigérateur. On est partis. Nous avons éclipsé tous les chanteurs. On a réussi à faire pleurer sur scène une Française, boiteuse de surcroît. Le public, l'ignorant, regardait de notre côté ; pendant ce temps, au bord de la tombe, la chanteuse s'époumonait avec ses « padam, padam, padam »... Quant à la Masiel, elle resta seule avec sa rengaine. La Fronés elle-même, malgré ses siècles d'expérience, perdit le rythme et le peu de voix qui lui restait en s'apercevant que nous lui dérobions son spectacle... Avec nos costumes divins, et sans un sou en poche pour nous offrir un rafraîchissement, nous sommes rentrés à La Havane. La maison déserte était devenue trop grande (nous avions également vendu les meubles du salon) ; j'ai essayé de t'ôter de la tête l'idée que quelqu'un nous ignorait encore. Moi-même, j'essayais de m'en persuader.

Je t'ai parlé toute la nuit en dessinant les modèles que nous allions porter l'été prochain. Je te disais : « Tout le monde nous a regardés, absolument tout le monde » (je me promenais déguisée en domino). « Les stars les plus éblouissantes ont été éclipsées par notre présence (je me pavanais alors en tunique indienne), par notre art, par notre génie incomparable... » Tu m'as interrompue : « Dis plutôt par nos vêtements » (je paradais moulée dans une longue robe du soir, ligne mi-entravée, qui m'empêchait pour ainsi dire de faire un pas). « Par les vêtements », as-tu répété. Nous avons gardé le silence. Tu as ajouté avec lassitude : « D'ailleurs, nous ne sommes pas certains de ce que tu avances. Dans la confusion il est possible que quelqu'un — tu as élevé la voix avec une conviction terrifiante — ne nous ait pas accordé le moindre regard. » Je me suis écriée, furieuse, étouffant dans cette robe-carcan : « Mais tu l'as vu ? » Tu as rétorqué en criant : « Non ! Mais il était là, j'en suis certain. » J'ai hurlé : « Il n'y avait personne ! Tu es fou, Richard. Je suis certaine que tout le monde nous regardait. Comment peux-tu te figurer... » Mais tu étais déjà rentré dans la chambre. Soudain, en réalisant que je causais toute seule, ficelée comme je l'étais (le zip, en forme de serpent, traversait le grand col et m'arrivait au menton) j'ai cru perdre la raison. Désespérée, j'ai arpenté tout le salon, je suis entrée dans la chambre et je me suis déshabillée.

Le lendemain tu as mis en gage les rideaux de douche, les vases de la salle à manger, les coupes de Baccarat et même le grand lustre à larmes de cristal du salon, sous lequel nous avions fait des exhibitions si magnifiques. C'est avec mon assentiment que tu as négocié le tout, Ricardo, afin d'acheter du fil et des aiguilles de contrebande. Tu es revenu bien approvisionné, et je me suis mise à tricoter tandis que tu épluchais tous les magazines de mode (classés par tes soins en fonction des pays, des époques et des saisons), à la recherche de modèles splendides et d'agencements incomparables. Dès cette époque, je maniais les aiguilles à une telle vitesse qu'en une seule nuit j'ai terminé pour toi ce costume génial de coupe égyptienne au point ras, gris métallisé. J'ai tricoté pour moi-même une robe de coupe princesse avec un grand nœud qui m'allait à la perfection. Le lendemain, j'ai continué à tricoter : pour toi, le superbe turban de satin doré ; pour moi, la jupe en tissu de Guingamp avec son empiècement imprimé ; pour toi, les gants bleu de Prusse et le capuchon de bédouin ; pour moi, le fabuleux tailleur gris taupe ; pour toi, la veste au point nain, belle comme l'or ; pour moi, la superbe camisole gaufrée au point gainé... Cet été-là, nous avons débarqué dans la rue avec toute notre garde-robe entièrement renouvelée.

Pour le Grand Tambour Sacré de Batá et tout le bataclan (c'est toi qui m'as appris ce charabia africain), on s'est pavanés dans des costumes extravagants de sorciers. Toi en grand saint-frusquin blanc tricoté au point de chaînette ; moi j'ai coiffé le grand bonnet au point de jersey qui a fait sensation même chez les Négresses les plus fanatiques. Je me rappelle bien ce succès. Je me rappelle bien ces tambours. Je me rappelle bien cette danse de *bembé* qui s'est prolongée jusqu'à l'aube. La maison (cela se passait à Guanabacoa, dans une chaleur suffocante) était pleine à craquer de danseurs nègres et de touristes français. Oui, Ricardo, je me rappelle cette musique, ces chants si inlassablement répétés que je crois encore les entendre. Le fameux *Barasuyo omoniala gwana*, auquel le chœur répondait : *Obaraguayo eké, eschu oddará*. Et ainsi de suite, interminablement, tandis que résonnaient les tambours et que la danse devenait plus frénétique. Nous étions là, dans un coin, attendant notre heure. Enfin, au moment où la litanie devenait tonitruante et où l'un des médiums visité par le saint entrait en transe, nous avons fait irruption. Au rythme des tambours, on s'est mis à danser... Quel succès, Ricardo. Le possédé lui-même se réincarna et se mit à nous observer tranquillement. Quel triomphe. Le chœur reprenait la litanie, les Négresses en sueur nous voyaient comme deux merveilleuses apparitions et les touristes français applaudissaient. Nous avons violé toutes les règles de la tradition, cependant personne ne protesta. Si éblouissantes étaient les étoffes que nous exhibions, l'agencement de leurs coloris et la maestria des points. Le soir, avant le début de la grande cérémonie en hommage à Obatalá, nous sommes partis. Au loin, nous avons entendu les chants mêlés au hurlement des sirènes. La police rôdait tout près de là.

« Ils nous ont pris pour des dieux », t'ai-je dit une fois rentrés à la maison tandis que je me dépouillais de mes vêtements religieux. « Oui, mais il me semble qu'une fois de plus quelqu'un ne nous a même pas accordé un regard. » Je t'ai ignoré, Ricardo. Tu dépassais les bornes. Après un succès pareil, voilà tout ce que tu trouvais à me dire. Je t'ai ignoré. Je suis allée dans ma chambre et là, en chemise de nuit au point abaissé, je me suis remémoré la fête. Un doute m'a pris... Oui Ricardo, car ici dans la chambre, après avoir mis le microsillon *Capri* chanté par Georgia Gálvez, j'ai réfléchi. C'était plus fort que moi, je refusais de l'admettre, pourtant quelqu'un dans un recoin de cette maison ou temple nous avait fait subir un affront terrible. Cette idée ne m'empêchait pas de te considérer parfois comme un fou ; aussi ai-je pris la ferme décision de ne pas consentir des lubies de cette sorte.

Tu m'échappais, Ricardo. Tu me filais entre les doigts. Je n'avais aucun moyen de te retenir. A minuit je sentais que tu te faufilais hors du lit pour aller au placard sur la pointe des pieds et revêtir tes plus beaux atours. Je te devinais dans la pénombre, Ricardo, essayant le kimono doré, le costume marin, le pardessus américain, la cravate de deux mètres, le cafetan à fils d'argent ou le turban fabuleux. Ensuite tu allais au salon ; tu allumais la lumière. Tu marchais en exhibant tous les costumes, en prenant parfois des poses indécentes, luxurieuses même... Oh, Ricardo, à quoi bon ce dévergondage. Toi d'ordinaire si tranquille, qui m'étais si fidèle, qui aimais tant le grand public, te conduire ainsi dans un salon désert plongé dans une sorte de pénombre (à part le grand lustre à larmes de cristal déjà disparu, le reste de notre éclairage était désastreux). Tu te figurais peut-être — je n'ai aucun doute là-dessus — que l'homme qui refusait de nous regarder se cachait dans un coin de la maison, le dos tourné... Tu es sorti sur le balcon. Je t'ai vu dans l'aube blafarde, drapé dans un superbe costume épiscopal, lever les mains au ciel comme pour chercher, invoquer, tenter de trouver cet être maudit. J'ai pensé : « Tu es devenu fou. Tu n'as plus d'échappatoire. » Je suis retournée dans ma chambre... Mais le lendemain, Ricardo, pendant que tu faisais la queue pour acheter des écheveaux, j'ai pris dans l'armoire ma grande tenue de gala, que j'avais étrennée pour l'un des shows les plus spectaculaires du Tropicana (la traîne soulevait des cataclysmes de poussière), et je me suis promenée ainsi à travers la maison. Moi aussi je suis sortie sur le balcon. Moi aussi, Ricardo, j'ai levé les mains dans le vide... mais rien. Personne n'est venu. Personne ne m'a répondu. Il n'y avait personne à côté de moi, en train de me regarder. Je suis revenue dans ma chambre, traînant derrière moi ma robe de reine. Je me suis jetée sur le lit. Au bord des larmes. Là-dessus, on a frappé à la porte. J'ai cru que c'était toi qui avais oublié la clé.

C'était le facteur. Encore une lettre de maman. La pauvre, toujours à ressasser les mêmes bêtises : qu'est-ce qui nous prenait, serait-on devenus rouges par hasard. Je n'ai même pas fini de la lire. Je suis allée prendre la boîte à ouvrage et je me suis mise à tricoter un joli ensemble de plage. Veste ajourée et cache-sexe phosphorescent. Pour toi, Ricardo.

Tu n'as pas tardé à venir avec toutes les laines. Tu as ouvert les caisses et tu t'es mis à dérouler les écheveaux. Cet été-là, nous avons eu un succès phénoménal.

Mais quant au reste, ça allait de mal en pis. Rationnement total, faim absolue, isolement complet. Quand il y avait une panne d'électricité (le gouvernement la coupait, il continue d'ailleurs, avec ses plans d'économie exténuants), il me fallait tricoter à la lueur d'une bougie ; bougie achetée au marché noir et que tu tenais patiemment en l'air. Bientôt on ne trouva plus de fil bulgare ni même chinois. Alors nous avons fait main basse sur les cordes à linge de notre cour et sur celles des voisins, sur les ficelles pour paquets que tu marchandais dans les drogueries. Mais nous avons tenu bon. Quand les aiguilles disparurent, nous sommes sortis une nuit, plusieurs nuits, tous deux strictement vêtus de noir, avec nos jeans tricotés au point de finition, pour voler des rayons de bicyclette. Nous avons traversé en silence les rues sombres de la 5e Avenue et au péril de notre vie (ces gens-là sont capables de faire fusiller un malheureux voleur de jantes), on a piqué une énorme collection de rayons de vélo que tu as transformés, avec une patience infinie, en aiguilles à tricoter françaises... Pour couronner le tout, un harcèlement, une persécution continuels. A la cafétéria du Capri, nous avons failli souvent être arrêtés. Par bonheur le groupe clandestin *Les Chemises Ouvertes*, composé de nos jeunes admirateurs, faisait beaucoup de boucan, alors nous profitions de la confusion pour aller nous réfugier dans les sous-sols du Foxa. Nous sortions de là bien souvent escortés discrètement par *Los Batts* (autre groupe qui nous admirait tant) jusqu'au Front de Mer. Finalement ils ont fermé les cabarets et organisé de grandes rafles au Capri. Notre rayon d'action se réduisit à La Rampa, à la Promenade du Prado, au Coppelia et au grand hall du Habana Libre. Tous ces endroits étaient également surveillés, c'est évident.

C'est pourtant là que nous avons déployé nos étoffes. Les gens étaient éblouis par les points merveilleux que j'avais inventés (mes créations, des trucs de métier que je n'ai jamais révélés à aucune, parmi ces milliers de femmes qui me sollicitaient constamment pour avoir des tuyaux). Nous avons poursuivi notre conquête de la ville, Ricardo. Persécutés certes, mais cela rendait la chose encore plus intéressante, plus difficile, plus spectaculaire. Nous avons tissé un réseau d'alliés qui nous téléphonaient sans cesse, soit pour nous offrir le dernier magazine de mode publié à Paris et déniché Dieu sait comment, soit pour nous inviter à une réception clandestine où, avec nos collections nous provoquions de véritables émeutes, soit pour nous prévenir d'une rafle prévue pour le week-end suivant, tout au long de la rue 23.

Grâce à eux nous fûmes sauvés. Oui, grâce à eux. Oui, c'est grâce à eux, car ils nous ont mis en contact avec les gros pontes de la contrebande, ce qui nous a permis de dégoter ce fil espagnol qui nous a coûté les yeux de la tête : tous les meubles de notre chambre y compris le lit, naturellement.

C'est avec ce fil, Ricardo, que j'ai tricoté la grande collection de déguisements. Une pure merveille. Au dernier carnaval on s'est fait remarquer d'une manière si colossale que même les filles qui faisaient partie du défilé des Jardinières de Regla en ont été reléguées au second plan. C'est nous qui défilions en tête du cortège principal. Toi, déguisé en Popeye le Marin ; moi en Rosario avec mon feutre mou à larges bords orné de brocarts scintillants. Nous étions divins, tous les deux. Ainsi, pendant toute la saison du carnaval nous avons imité, en remportant un triomphe, tous les grands personnages. Toi tu faisais le Colonel Cholalisa : à côté de toi, en longue jupe étroite, j'étais le portrait tout craché de la Duchesse Sourire. Lorenzo et Pepita, Tobí et Annie la Petite Orpheline, Dracula, Jeanne la Folle et le Pape, Marvila la Femme Merveilleuse, King Kong et même Superman avec sa grande cape bleu vitrail parsemée de paillettes. Tous ces personnages de légende au grand complet défilèrent au Prado sous le déluge de serpentins et l'océan d'applaudissements d'un peuple qui nous acclamait.

Mais hélas Ricardo, de retour à la maison, après un triomphe pareil, nos regards se croisaient. Pas besoin de nous parler pour nous comprendre. « Oui », disais-tu, sans rien me dire, encore drapé dans ta cape de Superman. « Ce fut un triomphe extraordinaire. Mais quelqu'un ne nous a pas regardés. J'en suis certain. — Je crois que tu as raison », te disais-je alors sans desserrer les lèvres ; je portais encore la couronne et la riche étole de la Grande Catherine. Nous avons commencé à nous dévêtir sans avoir prononcé un traître mot.

On s'est couchés sans parler. Nous étions terrassés de

fatigue, et sans que nous puissions nous expliquer pourquoi (ou sans le vouloir), nous nous sentions quelque peu désappointés. Se pourrait-il que tous nos costumes aient été inutiles ? Se pourrait-il que quelqu'un se soit moqué de nous et ne nous ait pas regardés ? Mais alors, me disais-je, s'il veut nous prouver que nous ne l'intéressons pas, pourquoi n'apparaît-il pas une bonne fois pour nous tourner le dos ? J'en ai conclu que nous intéressions si peu l'homme qui ne nous regardait jamais, que nous étions si insignifiants pour lui, qu'il ne prenait même pas la peine de nous tourner le dos, et qu'il ne fréquentait même pas les lieux où nous allions. Nous lui sommes si indifférents, ai-je pensé, qu'il n'est même pas au courant de notre existence... Comment nous y prendre pour qu'il la découvre ? Il fallait l'éblouir. Attirer son attention, le forcer à nous regarder. Mais où était-il ? Oh, Ricardo, où était-il... Telles étaient mes pensées. Mais il faut reconnaître que c'est toi qui as eu l'idée du plan. Après tout, moi je ne t'ai rien révélé de mes pensées.

Je me suis levée sans desserrer les dents, je suis allée allumer le tourne-disque et la voix de Carrill, dans *Nous ne sommes ni Roméo ni Juliette*, a fini par me calmer. J'étais si exténuée que je me suis rendormie.

C'est toi qui as dû éteindre le tourne-disque, sans doute. À mon réveil, un silence absolu régnait dans la pièce. En dehors du silence et de moi-même, il y avait peu de chose dans la chambre. Je m'aperçus que la plupart des disques avaient disparu. Les stores, le couvre-lit tricoté au point de chaînette, les housses, la coiffeuse avec tous ses ornements (sauf le miroir), et même les magnifiques poignées de bronze à tête de dragon de la porte s'étaient volatilisés. À présent, la clarté inondait la pièce et me blessait les yeux. Baignée dans cette « terrible lumière des tropiques », comme disait maman, je me suis regardée dans la glace et, horreur, je me suis vue au saut du lit, sans maquillage, les cheveux en bataille. Une sorcière. Mais je ne pouvais pas m'attarder sur ces bêtises maintenant que la maison était pour ainsi dire dévalisée. Pour de bon. Je suis sortie de ma chambre et je n'ai vu pratiquement aucun meuble, aucun bibelot. Même une photo agrandie de maman (debout, la main posée sur le dossier d'une chaise centenaire) avait disparu. J'ai été voir dans sa chambre. Tu y étais, à empaqueter ses dernières robes, toutes ces friperies, que tu as jetées dans un sac. « Richard, ai-je dit en m'appuyant au chambranle, car j'allais défaillir, que se passe-t-il ? » Tu m'as dit : « Tu vois bien, il faut tout vendre. » Je ne sus que répondre. Je croyais connaître tes intentions (car j'ai presque toujours deviné tes pensées, car nous avons presque toujours pensé à peu près pareil, car nous avions presque toujours été une seule et même personne), mais je n'aurais jamais imaginé que tout arriverait si vite. Sur ce, j'ai entendu le moteur d'un camion en bas. On frappa à la porte. Tu allas ouvrir, et je me réfugiai dans ma chambre. De la fenêtre, cachée par une serviette au point de crochet, j'ai vu que l'on faisait descendre nos derniers meubles. Le sofa géant où maman s'asseyait les soirs de canasta, la table du balcon, les deux fauteuils dépiautés, le dernier fauteuil de cuir, les cendriers à pied, la colonne tronquée en plâtre, la plupart des ampoules et même le globe terrestre à côté duquel mon grand-père s'était fait photographier... Les ouvriers ont chargé le tout dans le camion. En vitesse, ces hommes funèbres (ils portaient des salopettes foncées) ont mis le véhicule en marche et démarré en trombe. Drapée dans la grande serviette de bain, je suis descendue au salon. Je t'ai vu, debout au milieu de la pièce où ne restaient plus que deux chaises ; tu comptais l'argent. Ricardo, tu as également vendu les disques de Pat Boone, de la Masiel et de Luisito Aguilé ; dire qu'aujourd'hui il faudrait remuer ciel et terre pour les trouver. Sans un mot, tu es sorti. Tu es revenu le soir, les bras chargés de tous les fils que tu avais pu dénicher dans les magasins ; je me demande comment, car sur notre carte de rationnement, nous n'avions plus droit à un seul brin de fil. « Tricote », m'as-tu dit en jetant par terre cet énorme paquet. Encore un peu déconcertée, j'ai examiné les écheveaux de laine disséminés sur le sol. Mais sans piper mot, j'ai suivi tes instructions. J'ai tricoté les modèles les plus extraordinaires, compliqués et bizarres ; tous ceux que tu me montrais sur les magazines, ou ceux qui te passaient par la tête. Tu ne me laissais pas faire la cuisine, c'est toi qui t'en chargeais. Tu voulais seulement me voir tricoter. Comme si on t'avait accordé un délai extrêmement court et que tu devais être prêt en un temps record. Tu as décroché le téléphone et interdit qu'on m'adresse la parole. Tu as fini par me défendre d'écouter la radio (maintenant je ne l'écoute pas, parce que ça ne me dit plus rien), même pas « Nocturne » ; tu as déversé les pires insanités sur tous les chanteurs. Tu les as traités de « bande de gueulards ». J'ai continué à tricoter sans protester. C'est juste au dernier moment, alors que le tricot était presque terminé, que la grande bagarre a éclaté... Tu voulais vendre le tourne-disque et la radio, le lit et même le matelas, pratiquement les seuls biens qui nous restaient, Ricardo. « Nous n'avons pas d'argent pour le voyage », as-tu dit. Alors, jetant la mitre pontificale fabriquée avec des fils de cuivre très fins, je me suis levée d'un bond pour te demander en hurlant de quel voyage tu parlais. Tu as répondu : « Celui que nous allons entreprendre dès demain. — Non ! » ai-je crié... On s'est regardés. Tu es resté silencieux un instant. J'étouffais mes sanglots. « Evattt », as-tu dit (tu prononçais encore les trois *t*, tu me respectais encore un peu) : « Evattt, as-tu dit, cela ne peut plus durer. Il faut sortir. Il faut le localiser. » Ta voix vibrait comme une prière. « Tu sais bien qu'il se cache quelque part. Cela ne peut plus durer. Il faut lui mettre la main dessus et le gagner à notre cause. Le fasciner. Evattt (tu étais presque en larmes), tu ne comprends donc pas ? Aussi longtemps que ça durera, tout est inutile, nous piétinons, toutes ces personnes qui nous regardent sont à nos pieds, conquises, mais maintenant ce qui importe pour nous, c'est cet homme qui ne nous regarde jamais. C'est l'unique chose, Evattt (tu pleurais pour de bon), qui en vaille la peine. Lui, l'unique. » Soudain tu as élevé la voix de façon terrifiante pour ordonner : « Nous allons parcourir toute l'île. Il doit bien se trouver quelque part. Si nous ne le faisons pas (tu as baissé la voix et murmuré), si nous ne le faisons pas, as-tu dit, c'est comme si nous étions déjà morts »... J'ai voulu crier, Ricardo, j'ai voulu résister encore, te dire que tu étais devenu fou et te demander quelles preuves te permettaient d'affirmer que quelqu'un ne nous regardait pas, puisque justement, partout où nous allions, nous faisions sensation, puisque notre triomphe et notre célébrité étaient prodigieux. Mais je me suis tue. Après tout, je ne savais rien, moi non plus. Je doutais. Souvent, dans la rue, lorsque la foule nous acclamait et nous entourait, je regardais en arrière moi aussi. Moi aussi, Ricardo... Mais je n'y suis jamais arrivée ; je n'avais jamais pu le surprendre alors. Je n'ai rien dit. Non. Je t'ai même permis de vendre le tourne-disque, avec tous nos disques, évidemment. Cette nuit-là, avant de les vendre, je les ai tous repassés l'un après l'autre. Même en écoutant Juan et Junior, en écoutant Cristina et ses Stops, et même les Jalaboyas dans *Couleurs magiques,* je n'ai pas versé une larme. Oh, Ricardo, mais quand a retenti dans la maison vide le vacarme des Mugstam chantant *J'ai rêvé que régnait la liberté,* alors là, n'y tenant plus, je me suis accroupie et j'ai éclaté en sanglots. Ensuite, les ouvriers en salopette sont arrivés pour embarquer notre ultime consolation. Il n'est plus rien resté dans la maison, à part le lit qui ne nous servait plus qu'à dormir parfois, une chaise, le miroir et la vieille radio que j'avais énergiquement refusé de vendre. Mais je n'ai pas voulu brancher l'appareil. À cette heure-ci — le jour se levait déjà — il n'y avait pas une seule émission potable. Toi tu étais allé faire un tour dans le quartier pour emprunter des valises ; moi, seule comme maintenant, sans tricoter, dans la maison déserte, je me suis sentie rigoureusement inutile.

Tu es revenu et nous nous sommes mis à empaqueter les affaires.

Je n'étais vraiment pas contente. En fait je trouvais ce voyage follement périlleux... Je n'avais jamais aimé quitter la capitale. Sur le trajet de Varadero, j'avais vu les villages repliés au bord de la route, et j'avais compris qu'ils étaient tous affreusement semblables. « Dans le genre patelin. La

Havane me suffit », disait toujours maman, ce en quoi elle n'avait pas tort. Pauvre maman, dans sa dernière lettre (je l'ai sur moi) elle me racontait qu'elle allait plutôt mal et que de temps en temps le soleil de Cuba lui manquait. C'était surprenant, car elle disait toujours (et je suis aussi d'accord avec elle) que le climat d'ici est dévastateur. « Dans ce pays, seuls les Indiens ont pu vivre, disait-elle, et encore parce qu'ils se promenaient en pagne. » La pauvre, dire que je n'ai pas répondu à sa lettre... Mais j'ai bouclé les valises — plus détendue — sans protester, sans te dire un mot ; à quoi bon d'ailleurs, car tu étais suspendu au téléphone pour essayer d'obtenir plusieurs taxis, tu ne m'aurais même pas entendue. Les voitures sont enfin arrivées, on a chargé tous les bagages, et nous sommes partis vers le terminus d'autocars... Maintenant, Ricardo, le grand voyage recommence. Nous retraversons tous ces villages poussiéreux, ces rivières infernales, ces contrées lointaines. Toi et moi nous avons étalé les plus belles étoffes, les délicats tissages si compliqués, devant des gens dépourvus d'éducation, de classe et de chic. Toi et moi, Ricardo, nous avons sillonné l'île de bout en bout, sous un soleil de plomb, jusqu'à la catastrophe finale... Vingt-sept (Rita Hayworth en avait emmené autant au Festival de Cannes), vingt-sept valises bourrées de fringues ; sans oublier les six nécessaires de maquillage, les housses, les ombrelles et les sacs de plastique contenant les onze pourpoints style Isabelle la Catholique, ainsi que ton linge de corps. Tel quel, à la stupéfaction du public du terminus, et à l'indignation des porteurs et des chauffeurs, nous avons quitté La Havane sous une chaleur accablante. Pour comble, le soleil tapait sur ma vitre, alors emmitouflée comme je l'étais dans une casaque de gala — la hâte m'avait empêchée de choisir une tenue de voyage appropriée —, j'ai cru que j'allais fondre. Hélas, Ricardo, dire que nous n'avions même pas de transistor pour nous consoler.

Portés en triomphe par les hippies de Pinar del Río, nous avons fait notre entrée dans cette affreuse bourgade. Par bonheur, les hippies de cet enfer étaient adorables. Très à la page pour le coin, ils ont beaucoup admiré ton kimono doré au point pétale de maïs. Quant à moi, je n'avais pas voulu me mettre en frais dans un bled indigne de moi, alors je me suis contentée de m'afficher au parc avec ma tunique en V au point fantaisie, ornée de gazes et de volants. Tu as passé toute la nuit à faire le mannequin dans ces rues tortueuses. Parfois, tu regardais derrière toi, tu levais la tête, tu te penchais, tu scrutais les environs. Moi de même, Ricardo, j'imitais tes gestes. Nos regards se heurtaient toujours au public qui, dans le chahut que faisaient les hippies, ne nous quittait pas d'une semelle et nous dévisageait en extase. Après avoir remporté ce premier triomphe, la fureur, la chaleur et l'inconfort du voyage se dissipèrent peu à peu.

Nous avons continué notre route vers la vallée de Viñales, accompagnés d'une bonne douzaine de ces jeunes hippies qui s'étaient offerts comme guides. Ils t'admiraient beaucoup, Ricardo. L'un d'eux ne t'a rien laissé porter, même pas ta brosse à dents. Tant d'amabilité à ton égard me gênait parfois (moi aussi, on me traitait magnifiquement bien, mais c'était tout naturel, n'est-ce pas), encore que je me sois habituée petit à petit à ce que de telles choses t'arrivent. Tu as toujours eu je ne sais quel chic, Ricardo, pour conquérir l'amitié des jeunes garçons. Mais s'il y a une chose dont je suis certaine — dont je ne doute pas le moins du monde —, c'est que tu m'as toujours été fidèle. Fidèle jusqu'à la fin du voyage, Ricardo. D'ailleurs tu n'as jamais su jouer sur les deux tableaux... Certes, j'étais gênée par tant de sympathie, de galanterie presque, à ton égard, mais en même temps, je m'en réjouissais. Après tout, cela confirmait l'inutilité du voyage ; comme toujours, nous avons soulevé l'enthousiasme général, alors ce que nous avions de mieux à faire était de rentrer à La Havane, berceau de nos triomphes. Mais je ne t'ai rien dit à ce moment-là. J'attendais que tu puisses t'en convaincre par toi-même. Que tu n'aies plus aucun doute.

À l'exception de deux ou trois touristes de province, qui logeaient au motel, la vallée de Viñales était déserte. Nous avons captivé, bien entendu, les rares visiteurs. Une femme s'est approchée de moi pour me demander en secret des détails sur le tissu du peignoir corinthien que j'exhibais au bord de la piscine du motel. Je ne lui ai rien dit, naturellement (je serais bien sotte de révéler mes formules), mais je lui ai appris le gros point épineux pour tricoter éventuellement une robe d'hiver avec des cordes à linge.

Au crépuscule, nous avons quitté la vallée. Nos assistants nous entouraient, tout excités. Quant à moi, sans savoir pourquoi, je me suis attardée à contempler de l'esplanade du motel l'autre grande esplanade tout en bas, presque sans arbres, entourée par les Tertres. À ce moment-là s'éleva le boucan des grillons et d'autres bestioles. La nuit tombait. Le boucan devenait insupportable. De nouveau j'ai regardé dans la vallée, et elle me parut plus grisâtre, comme enrobée d'une brume qui dessinait des mirages. Alors j'ai pris peur, sans me l'avouer. J'ai fermé les yeux pour ne plus contempler ce panorama désolé. Je suis restée ainsi un certain temps, les yeux clos, craignant de les ouvrir, pensant avec terreur que, si jamais je m'y risquais, je verrais quelqu'un là-bas, au fond de la vallée, le dos tourné, par refus de me contempler. M'ignorant. Ma peur augmenta soudain en même temps que le boucan de ces sales bêtes. J'ai tourné le dos à la vallée. J'ai ouvert les yeux. Sans regarder derrière moi, je me suis élancée à ta rencontre ; tu marchais avec tous ces jeunes gens autour de toi. Leurs rires, les éloges qu'ils t'adressaient, leur grande admiration pour nous me tranquillisèrent peu à peu. Bientôt nous avons marché tous ensemble côte à côte, très contents sur ces rochers exaspérants, faisant des acrobaties pour ne pas périr, en direction de la péninsule de Guanahacabibes.

La péninsule était déserte aussi. Notre exhibition se borna à une brève promenade chez les charbonniers qui, à notre vue, laissèrent leur terrible métier pour nous observer. De nouveau j'étais atterrée, Ricardo : ces gens si rustres avec leurs terribles poignes de fer, la poussière noire qui leur barbouillait la figure. Ce feu qui nous montait au visage. Par orgueil, je me suis bornée à présenter ma tunique de Guingamp ornée de rubans tout simples. Toi en revanche, tu as exhumé ton grand costume de joueur de pelote du Yucatán ancien. Par chance, notre escorte de jeunes garçons nous protégeait, formant un barrage pour éviter que certains de ces hommes ne puissent nous effleurer de leurs guenilles.

Après une traversée infernale de toute la province, nous sommes revenus à Pinar del Río. Arrivés à l'hôtel El Globo, un endroit épouvantable où il n'y a jamais d'eau, la puanteur y est intenable, nous avons rassemblé nos valises pour continuer le voyage. Presque toute la ville est venue nous dire adieu au terminus. Tu as profité de l'occasion pour exhiber ton képi de général. J'ai seulement présenté une tunique indienne écarlate.

Nous sommes repassés par La Havane afin de continuer le voyage. Nous n'avons même pas mis les pieds à la maison — tu ne voulais pas perdre de temps. Cette nuit-là, avant de prendre le train pour Matanzas, nous avons fait un petit tour au Coppelia et à la cafétéria du Capri. Tout était pareil. Les gens réunis au coin des rues, qui nous dévisageaient ; la queue interminable qui à notre arrivée s'est désintégrée au milieu des applaudissements et des cris hystériques. Oui, tout était pareil. Quelque chose pourtant semblait avoir changé. Même le groupe Los Batts, même Los Chicos de la Flor, nos amis intimes, vus de loin, dans le tumulte des acclamations, semblaient ternes, encore plus lointains et flous. Pourtant, profitant de notre retour dans la capitale, j'ai exhibé ma longue robe en lamé incrustée de perles bleues, une houppelande noire, une cordelière rouge sang et un diadème argenté. Toi qui n'aimais pas être en reste, tu es apparu en manteau de pluie, manipule au bras, avec pèlerine et chasuble. Comme toujours, nous avons fait l'unanimité.

Une fois dans le train, avec la masse de nos valises derrière notre dos, j'ai posé la résille de verre qui me couvrait les yeux et une partie du visage puis, satisfaite, je me suis adossée. Naturellement, notre apparition a semé le trouble parmi les voyageurs. Le train démarra dans un grand déploiement de fumée et le fracas de la locomotive.

Assommés par ce vacarme épouvantable qui se transforma en une longue litanie, nous fîmes notre entrée à Matanzas. Bientôt, malgré une aussi mauvaise nuit, nous avons commencé à présenter notre collection à travers toute la ville. Pas moyen de te faire entendre raison, Ricardo. Tu voulais aller de l'avant. Tu sais pertinemment que je n'ai jamais voulu entreprendre ce voyage. Ce n'était pas là notre monde. Autant jeter des perles aux pourceaux. Ils les dévoraient, ça oui, mais ils ne pouvaient les savourer. Évidemment : ce public-là était plus stupéfait qu'émerveillé à notre passage... Mais toi, obstiné, tu m'as entraînée, et je tombais de sommeil, jusqu'aux grottes de Bellamar. Le guide parlait et moi, incapable de déchiffrer ses paroles, je voyais les visiteurs recroquevillés derrière nous, oublieux du long discours du guide qui au demeurant ne s'adressait qu'à nous. Un moment, en essayant de garder l'équilibre sur mes souliers à talons hauts de style Louis XV, j'ai bien failli tomber dans un gouffre effrayant qui, d'après quelqu'un, se nommait le Bain de l'Américaine, car c'est là que disparut une vieille touriste yankee qui avait voulu à tout prix plonger dans ces eaux presque gelées. Je n'ai pas réussi à savoir si on avait retrouvé les restes de cette femme. Tombant de sommeil, je n'ai pas bien compris la suite du récit que le guide avait rallongé spécialement à notre intention. Je titubais encore entre ces murailles dégoulinantes qui grouillaient de cafards, pour exhiber ma superbe robe vert bouteille de ligne semi-entravée que j'avais sortie à tâtons d'une valise. Je me suis cognée la tête à l'une des stalactites et je t'ai supplié, en criant presque, de me tirer de cet abîme. Le public, persuadé que cela faisait partie de notre numéro, applaudit à tout rompre. Nous sommes remontés hors d'haleine. Il n'y avait même pas d'air dans cet endroit immonde. Ce soir-là, heureusement, nous sommes allés à Varadero.

Là j'ai eu l'occasion de montrer ma coupe éventail et mon canezou tricoté au point de nervures, très chic. Tu as arpenté l'avenue Dupont en bikini, coiffé de ton grand chapeau de feutre mou brillant comme l'or, à rebord de cristal. L'air de la mer, les gens très civilisés qui nous acclamaient maintenant, la fraîcheur et la certitude qu'ils étaient tous sous le charme m'ont apaisée. Alors une fois sur la côte sud, quand nous nous sommes embarqués sur la vedette affrétée par tes soins pour aller jusqu'à l'île des Pins, j'étais en quelque sorte contente.

Mais l'atmosphère de cette île violente m'a démoli les nerfs. Tout ce monde en tenue de travail, de bagnard même, qui grattait la terre. Cependant, comme tu l'as dit, nous avons eu un succès fantastique. Partout sur notre passage les travaux agricoles étaient suspendus. Les ouvriers, les étudiants, les bagnards, tous restaient là bouche bée, en extase, puis ils nous acclamaient; un tonnerre de vivats éclatait. Dans la traversée de cette région enfiévrée, j'ai arboré mon casaquin noir étincelle ajouré, tricoté au point de chaînette, et mon ample tunique grecque sans épaulettes, bien décolletée. Au retour, pour varier, je me suis coiffée de ton tricorne tricoté au point gainé.

C'est pour faire étalage de notre collection d'ombrelles mauves tricotées au point d'illusion que nous sommes arrivés, dans nos costumes divins, à la Sierra del Escambray. Nous risquions notre vie car il y restait encore des rebelles en lutte contre le gouvernement. Mais nous nous devions de tout visiter de fond en comble. Je crois qu'en notre honneur les fusillades entre les deux factions s'interrompirent pour quelques heures. Évidemment toutes les troupes nous regardaient en extase. Pour couronner notre triomphe, nous avons parcouru toute la province de Las Villas. Toi hissé sur des échasses gainées de chaussettes de footballeur, avec une canne gigantesque et un double chapeau haut de forme, moi portant ma longue robe de fée, aux ailes tricotées à la laine phosphorescente, avec baguette magique et auréole dorée discrètement tenue par des fils de fer fixés aux épaules. Au parc municipal, ce fut soudain le carnaval, et nous en étions les stars. Après ce show sublime, nous avons décidé de nous reposer un instant sur un banc. Aux abords du parc, des haut-parleurs avaient été installés; maintenant, pour ma consolation, Rita Pavone chantait *Le marteau.* En l'écoutant je pensais (pour ne pas changer), qu'il était grand temps de rentrer à La Havane, que nous serions à court d'argent pour parcourir le pays entier, et que les triomphes que nous avions obtenus prouvaient amplement (je tenais à t'en persuader) que personne ne pouvait éviter de nous regarder. La Pavone termina sa chanson et Charles Aznavour attaqua *Que c'est triste Venise.* Alors sans savoir pourquoi, j'ai eu un peu de chagrin, j'ai fixé mon auréole dorée et sans te dire un mot je me suis mise en marche pour rejoindre la route.

Ce soir-là, sur l'avenue principale de Santa Clara, j'ai fait admirer mon chapeau coupole à rubans bleus et violets. Tu marchais à côté de moi en complet-veston vert amande, tricoté au point de fantaisie. Ce soir-là, Ricardo, en nous baladant sur l'avenue dans un océan d'ovations, nous étions plutôt graves et nous regardions dans les coins avec une certaine frayeur. Mais si, Ricardo, une certaine frayeur (une certaine terreur peut-être), car le plus triste de l'affaire c'était que je pressentais un peu (et toi encore plus, je le sais), que ce voyage nous le faisions malgré nous pour ainsi dire, tout en nous l'imposant à nous-mêmes, comme celui qui courrait à sa propre perte. Mais comment te le dire, Ricardo. Comment pouvais-je te dire que moi aussi, lorsque je me trouvais au cœur de cette foule provinciale et délirante, lorsque je gravissais les escaliers des hôtels toujours de second ordre (il fallait économiser jusqu'au dernier centime), quand je prenais le bus étouffant ou le train infernal, comment te dire que dans ces moments-là je pressentais moi aussi que celui qui ne nous regardait jamais était tout près, qu'il nous talonnait, et que d'un instant à l'autre, au moment le plus inattendu, il pourrait apparaître, ou plutôt, c'est nous qui pourrions le découvrir.

Oui, Ricardo, il m'arrivait de le croire. Mais j'étais à court de mots pour te l'expliquer. En outre, je croyais aussi que si jamais je t'en parlais, tu en serais stimulé pour continuer l'expédition. Oui, je le croyais. Je croyais aussi que d'autres fois j'y avais déjà cru. Soudain retentit au bout de l'avenue, du côté du parc, la musique d'un orchestre improvisé. Il jouait un vieux boléro du temps de Mathusalem. Je me suis ressaisie au son de cette musique à peine audible. Cela m'a rendue heureuse et j'ai cru que tout cela c'était des idées à toi, des pressentiments, des inquiétudes que tu m'avais transmis et que je devais chasser à tout prix tant ils étaient absurdes. Alors je me suis tournée vers toi et je t'ai surpris épiant du coin de l'œil du côté des arbres dont les branches s'emmêlaient aux fils électriques.

On a pris le bus pour Camagüey. Pour notre malheur et à notre grande fureur, une affiche apposée sur ma vitre avec l'inscription À LA CANNE À SUCRE! TOUS À LA CANNE! en caractères rouges très agressifs bouchait la vue. Dieu merci, afin que le trajet ne soit pas totalement infernal, l'un des voyageurs avait apporté un transistor, et pendant quelque temps on a écouté les chansons de Raphaël. Le lendemain, je me suis baladée rue de La Avellanada avec mon corsage de gala. À mes côtés, tu arborais ton kimono à paillettes. L'après-midi, on a été visiter une raffinerie de sucre. Nous portions tous les deux des jeans super, de larges ceinturons de cuir, des capes noires, des sabots en caoutchouc, des anneaux de métal autour du cou; cela nous faisait la démarche très raide. Par-dessus tout cet attirail nous avions d'immenses capelines tissées en fibres de palmes fraîchement coupées. Tout le monde nous a admirés et il s'en est fallu de peu que la raffinerie ne stoppe ses étranges machines... La nuit, comme il pleuvait, nous avons arboré à travers la ville nos imperméables en cordes à linge à sept brins, vernis à la cire rose et bleue; deux écharpes, de toutes les nuances de l'arc-en-ciel, nous entouraient le cou avec grâce et sous l'effet du vent, elles s'emmêlaient parfois autour de nos chevilles. Le lendemain, à la faveur d'une éclaircie, nous sommes allés à l'île de Turiguano et au Caye Coco. L'après-midi, arrivés au Caye Romano, nous avons fait un défilé de mode près d'un réservoir de pétrole; on a présenté ensemble un scaphandre au masque écarlate et aux gants escamotables tricotés au point moyen. Nous sommes rentrés exténués par la traversée en mer. Après, tu m'as emmenée dans un camp de travail productif. Pour bien marquer le contraste avec l'accoutrement de ces gens-là, je me suis pavanée en robe du soir à traîne princesse tricotée au point de poulain (de ma création), gants très longs, manchon, étole, et une ravissante minaudière avec incrustations au crochet. Quant à toi, tu t'es pavané en pantalon au point de jersey, bottes rouges, sombrero mexicain et habit monacal. La coupe de la canne en fut paralysée pendant des heures. Même le contremaître (ou celui qui commande de nos jours dans les champs), qui au début nous regardait d'un mauvais œil, a fini par te complimenter sur ton sombrero, et t'a offert de l'eau de sa gourde. Tout le monde nous a regardés, Ricardo. À partir de ce moment-là, chaque fois que nous avons monté une exhibition dans cette province, nous avons suscité, comme partout ailleurs, l'admiration générale.

Mais tu tenais absolument à continuer le voyage. C'est ainsi que, bien malgré moi, on s'est enfoncés dans la région lugubre des Jardins et Jardinets de la Reine, si mal nommés. Oh, dans un canot qui sans arrêt raclait le fond (très bas heureusement), on a traversé une mer démontée et on a bien failli mourir de faim, ou alors périr noyés, uniquement pour rencontrer, à l'extrémité d'un récif ou caye qui apparaissait et disparaissait en pleine mer, trois pauvres pêcheurs épouvantés à notre vue ; nous les aurions fascinés même en débarquant à poil, par le seul fait de notre venue dans un lieu si isolé. Avec l'aide des trois pauvres bougres, qui semblaient sans âge tant ils étaient décrépits, nous sommes revenus au chef-lieu de Camagüey. Ayant rassemblé nos divins costumes, nous avons repris notre périple vers la province d'Oriente.

A Holguín, notre succès fut indescriptible. Au parc Calixto García, nous avons présenté notre grande collection de déguisements. Assises sur les bancs, les vieilles femmes nous offraient des glaïeuls qu'elles avaient trouvés je ne sais comment dans une région aussi désertique où pas un arbre ne poussait. Ensuite, empruntant la rue Libertad jonchée de fleurs en notre honneur, on est arrivés à la colline de la Croix que nous avons gravie, laissant à nos pieds la ville, les clameurs populaires, les sirènes stridentes des voitures de police qui nous pourchassaient une fois de plus. Heureusement, nous avons réussi à les semer dans les éboulis de la colline. Protégés par la foule, nous avons pu atteindre l'hôtel et continuer la traversée.

Pour voyager dans cet insupportable véhicule intermunicipal, nous avons enfilé nos tee-shirts imprimés, tricotés main. Le mien portait au dos un grand *MOI* bleu ciel, et le tien un divin *TOI* en lettres jaspées vertes et lilas. Accueil fracassant de tous les passagers. Dès que la voiture s'arrêtait quelques minutes dans un patelin, les habitants venaient se coller à la vitre. Ainsi, au fur et à mesure de notre avance, on s'assurait que personne ne pouvait nous ignorer ; malgré la fatigue du voyage, je me sentais de plus en plus heureuse ; en entrant à Cacocúm (je me demande comment j'arrive à me souvenir d'un nom pareil), je me suis mise à danser le go-gó. À ce rythme qu'un transistor déversait derrière nous (Ana Maria chantait *Dans un vaisseau planétaire je redescends sur terre*), nous avons parcouru ce hameau en obtenant comme d'habitude un triomphe colossal.

Seulement toi, Ricardo, tu semblais préoccupé. Nous voici debout, tout près de la rivière Cauto. Tu portais ton admirable habit pourpre d'évêque ; moi, mon grand blouson en toile de Hollande, de couleur noir tragédie. À nos pieds coulait une eau jaunâtre dans un grand remous tumultueux. Tu étais là, Ricardo, tout près de moi, les yeux fixés sur le fleuve immense, comme absent, évadé dans un autre monde, je le sentais. Tu es passé devant moi en silence. Je t'ai vu faire des gestes absurdes, tendre les bras vers l'eau. J'ai cru soudain que tu voulais te jeter dans le torrent. J'ai couru vers toi et j'ai agrippé les amples manches de ton surplis. Je t'ai dit : « Richard, qu'est-ce qui t'arrive ? » Mais tu ne me répondais pas. Je t'ai encore tiré par la manche en redisant ton nom. À ce moment-là tu t'es retourné, Ricardo, et tu m'as demandé d'une voix de stentor de ne plus t'appeler Richard car ton nom était Ricardo. Tu criais si fort que j'ai soudain cessé d'entendre le tumulte du fleuve. Je suis entrée dans une rage si folle (personne au monde n'avait jamais osé crier après moi de la sorte) que j'ai levé la main pour te balancer une gifle. Mais au moment de te frapper, j'ai regardé ton visage. Tu avais l'air si triste, Ricardo, que je ne t'ai presque pas reconnu. J'ai abaissé mon bras. Sans m'en rendre compte je me suis surprise à te parler tout bas en t'appelant Ricardo, comme je le fais depuis lors. Je t'ai demandé encore une fois ce qui t'arrivait, mais toujours à voix basse. Tu m'as regardée, les yeux embués de larmes, puis tu as baissé la tête pour examiner ton costume sublime qui ondoyait au vent. C'est en détachant les syllabes que tu as dit : « À deux kilomètres d'ici se trouve la maison où vécurent mes parents. » J'ai voulu te dire que cela n'avait plus d'importance, qu'ils étaient morts déjà (c'est toi qui me l'avais dit), ce qui d'ailleurs n'avait pas d'importance non plus, car tout le monde devait mourir, même nous. Mais je me suis tue. J'ai serré contre moi le fabuleux blouson que le vent voulait m'arracher et de nouveau je t'ai regardé. Tu avais repris ton expression habituelle. On a pu réentendre clairement le vacarme du fleuve, comme une fête proche.

Ensuite nous avons fait notre entrée à Bayamo et nous sommes passés à la conquête de la ville avec nos vêtements inouïs.

Mais tu m'échappais, Ricardo. À tout bout de champ, j'avais l'impression que tu allais te dissoudre dans l'air. Je te parlais et tu réagissais du bout des lèvres. Je te questionnais et tu répondais à peine. Pour comble, notre argent fondait et nous avons dû descendre dans des hôtels miteux, manger des choses dégoûtantes. En outre, ce paysage de montagnes toujours enveloppées de nuages et de brumes m'inquiétait. À La Palma, à Niquero, à Yateras, ce village épouvantable, dans toutes ces bourgades lointaines enchâssées dans les collines, je te répétais que nous avions fait assez de voyages comme ça. Mais tu ne m'écoutais pas. Affublé de costumes de plus en plus extravagants, tu ne te donnais même pas la peine de me regarder quand je te suppliais, au bord des larmes, de rentrer à la maison.

Dans un bus tout grinçant et poussiéreux, nous sommes

arrivés à Santiago de Cuba. La chaleur était si intenable que j'en étais asphyxiée. Je me sentais défaillir. Pourtant, même dans ces moments-là, je ne t'ai pas fait faux bond, Ricardo. Pour me consoler peut-être, j'ai étalé dans cette cité brûlante ma collection de tuniques chinoises, mes tailleurs de ville et mes jupes au point de côtes. Tu n'étais pas en reste : en plein midi tu t'es mis en tenue de gala, avec ta longue cape et ton grand chapeau style roi Arthur ; d'autres fois, tu t'es affiché en collant ajusté de danseur, ou bien avec tes babouches et ton bonnet de clown. Tu t'es déguisé en cosmonaute, je m'en souviens, pour te promener toute une journée sur La Alameda. Çà et là, un triomphe impressionnant. Çà et là, nous n'avons vu que des gens émerveillés, éberlués, applaudissant à tout rompre. Hélas Ricardo, le soir à l'hôtel, après notre grand succès sur les quais, je t'ai redit qu'il était grand temps de rentrer, car la suite n'en valait pas la peine. Mais toi, écroulé sur le lit, tu ne te donnais même pas la peine de me répondre. À cette époque — nous étions à Santiago depuis une quinzaine de jours — j'étais déjà au bord de la folie. La chaleur persistait. Les cafards et autres sales bestioles, la puanteur, montaient jusqu'à la fenêtre de notre misérable chambre. Il y avait de quoi se flinguer. Ce jour-là je n'ai mangé qu'un œuf au plat. Finalement, hébétée par la faim et par la canicule, je me suis débarrassée de ma tunique hollandaise et je me suis jetée sur le lit à côté de toi, de très mauvaise humeur. Un peu machinalement, je me suis mise à te caresser. Mais tu n'as pas bronché. Je passais la main le long de ton corps et tout ton corps restait coi. Pas une vibration, Ricardo. Pas un battement. Pas l'ombre d'un tressaillement. Rien... Depuis quand, Ricardo. Depuis quand nous retrouvions-nous au lit sans même nous regarder. Je me suis mise à faire le calcul. J'ai eu tant de mal à faire le compte de tous ces mois que je n'ai pas eu assez de doigts, je me suis embrouillée, et de guerre lasse je me suis endormie.

Le lendemain, nous sommes partis pour la Sierra Maestra. Nous avons visité la Gran Piedra, puis nous avons pris la direction de Guantánamo. Nouveau succès, nouvelles ovations ; de nouveau les femmes qui venaient me demander des explications sur mes points de tricot extraordinaires. De nouveau les hommes et les jeunes gens qui t'entouraient, t'offraient des cigarettes, te débitaient mille niaiseries et flatteries que tu ne semblais même plus entendre. Car tu allais comme un somnambule, Ricardo ; car tu marchais comme un fantôme et tu passais des nuits entières sans dormir. Moi qui me réveillais en sursaut à chaque instant, je te sentais gigoter à côté de moi ; je voyais la pointe de ta cigarette trembler dans l'obscurité de la chambre remplie de valises où grouillaient les cafards ; tu me faisais même de la peine, Ricardo. J'avais même envie de te consoler. Mais je ne me décidais même pas à passer ma main le long de ton corps. Je savais déjà que tout était inutile.

« Il faut en finir immédiatement avec ce voyage grotesque », t'ai-je dit quand tu as affrété l'avion pour aller à Baracoa avec les derniers pesos qui nous restaient. « Nous mourons de faim, nous n'aurons plus de quoi rentrer à la maison. Je crois que si nous poussons plus loin, nous finirons par devenir fous » ; je m'étais mise à crier. Mais obstiné comme tu l'étais, tu as réglé la location de l'avion ; puis tu as aidé à acheminer la longue caravane de valises et sans un regard, tu m'as offert le bras pour m'aider à gravir la passerelle... Comment est-ce que tu as pu te débrouiller, par les temps qui courent, pour te faire louer cet engin (qui menaçait à tout instant de piquer du nez sur une montagne), voilà ce que je n'ai jamais pu m'expliquer.

Néanmoins, nous avons atterri à Baracoa. Dans cette contrée désolée on n'entendait que le grincement des bêtes malfaisantes de la forêt et la pluie interminable qui a fait déteindre complètement nos chaperons cirés quand nous avons traversé l'esplanade boueuse de l'aéroport. Rougis des pieds à la tête par la teinture qui dégoulinait sur nos tristes habits, nous avons pris une voiture de louage déglinguée pour franchir le torrent et débarquer au seul hôtel de ce hameau perdu. Tu as commencé aussitôt à charger les bagages. Moi, épouvantée, je suis restée sous le porche qui menaçait de s'effondrer sous l'orage, en priant le ciel que tu n'ailles pas attraper une pneumonie.

Eh bien, tu l'as attrapée, Ricardo. Tu t'es mis au lit, grelottant de fièvre. Tu tressautais comme si on t'avait piqué le dos. Parfois tu poussais des cris, ou tu prononçais des noms très bizarres que j'étais incapable de déchiffrer. Tu as fini par guérir — heureusement, je m'étais munie de milliers de cachets d'aspirine. Un après-midi, nous sommes allés nous pavaner dans les rues presque désertes de ce bled perdu. Il ne pleuvait plus mais les arbres, en s'égouttant, précipitaient sur nos costumes de grosses gouttes féroces qui vrillaient l'étoffe. Les habitants bien à l'abri chez eux venaient sur le pas de leurs portes pour nous regarder, avec surprise. Les enfants, puis les femmes, furent les premiers à se risquer dehors pour nous féliciter. Bientôt la ville entière, comme dans un grand défilé de carnaval, nous a suivis de près ; les commentaires, les applaudissements et les sifflets fusaient de toutes parts. Personne n'a manqué de nous regarder, Ricardo, j'en suis sûre. Mais tu as voulu continuer notre périple et on est partis visiter les contrées les plus reculées. Même ces grottes préhistoriques où personne n'avait jamais mis les pieds, nous les avons visitées, avec nos superbes casaques, nos chapeaux hauts de forme, nos habits du soir, nos écharpes fabuleuses et nos gants à la prince de Galles... Au bout d'une semaine de ces allées et venues insupportables, nous sommes revenus au bourg. Il ne pleuvait plus du tout et les montagnes, toujours serrées, toujours dressées comme d'immenses cônes de raphia verdâtre, semblaient flotter dans une brume qui empêchait d'en voir les cimes. Baignée d'un soleil qui ne vous chauffait pas, j'ai contemplé mon superbe canezou, j'ai vu ma jupe divine garnie d'un entre-deux, avec ses nœuds français et ses rubans bleus ; j'ai vu tous mes vêtements ondoyer au vent. J'en éprouvai un grand soulagement, un immense bonheur. Enfin, ai-je pensé, notre voyage est terminé. Maintenant, nous allons recommencer à nous afficher dans un endroit digne de nous. Tout cela n'aura été qu'un caprice, une peur absurde. Nous allions revenir à La

Havane en triomphateurs... Prenant ta main gantée, je t'ai demandé quand nous allions rentrer. « Bientôt », m'as-tu dit alors en contemplant les montagnes à l'horizon : « Il ne nous reste plus qu'à visiter le phare de Maisí. »

J'ai crié. J'ai tempêté. J'ai trépigné sur le sol d'argile rougeâtre, de mes pieds chaussés de hautes bottines, je t'ai frappé sur le dos de mes poings gantés. Je t'ai dit : « Il est absurde de visiter un endroit uniquement peuplé de tortues ; nous sommes sans argent, il ne nous reste plus d'énergie, tu es devenu trop agressif et bizarre depuis quelques semaines, c'est le bouquet, serais-tu devenu fou. » Pour finir, jetant mes gants, je t'ai griffé au visage et j'ai déchiré ta robe monacale ; j'ai éclaté en sanglots... Oui, j'ai crié, j'ai tempêté. Mais en vain, Ricardo. Tu n'en as fait qu'à ta tête.

L'attelage de mules, chargées de deux valises chacune, nous précédait dans un tintement de sonnailles. Le muletier (le « conducteur de mulets », as-tu dit) allait derrière, invectivant ces placides animaux qui menaçaient à tout moment de le précipiter dans les éboulis. Même le Passage des Angoisses dans la Sierra Maestra, si dangereux, ne m'avait pas épouvantée autant que ces sentiers à flanc de montagne. Des oiseaux terrifiants planaient au-dessus de la végétation rachitique en poussant de ces cris perçants à vous donner la chair de poule. Mes bottes vernies tellement super s'enfonçaient dans la boue et je craignais à tout moment de débouler dans le vide. Je me raccrochais à quelques maigres broussailles, ou bien à tes épaules, ce qui te faisait chanceler. Il y avait des moments où, les pieds en sang, à force de trébucher sans cesse, l'envie me prenait de me flanquer dans la boue et de ne plus bouger de là. Mais nous avons continué. Toi, à côté du muletier, tu contemplais ces hauteurs qui se perdaient dans les nuages. Moi je tremblais à l'idée que si un rocher se détachait, tout notre équipement disparaîtrait dans le gouffre, et nous avec. On a poursuivi l'interminable escalade de la montagne. Parfois, les mules elles-mêmes se rebiffaient et s'allongeaient par terre en poussant de longs braiments qui me terrorisaient. Alors le muletier venait faire je ne sais quelles manœuvres sous leur queue, tant et si bien que les pauvres bêtes se relevaient en poussant d'autres braiments à vous dresser les cheveux sur la tête. Nous avons continué ainsi. A mi-chemin, la bruine se remit à tomber, et on avait l'impression que les montagnes larmoyaient. Il y eut des éclairs. La pluie devint plus forte et dans cette contrée déjà obscure, les ténèbres s'épaissirent encore. Nous marchions à l'aveuglette au bord du précipice, les mains en avant, sous les trombes d'eau qui nous tombaient sur la tête comme si la nature entière était en train de se dissoudre. Je braillais sous l'averse qui m'aveuglait. Un vacarme prolongé retentit, un braiment de mort. Pendant un éclair, l'une des mules glissa sur la pente et en ruant, avec les valises sur le dos, elle sombra dans l'abîme. Quelle horreur, Ricardo. Je criais de plus belle. Je craignais sans cesse pour ma vie : j'allais mourir noyée ou bien, aveuglée, j'allais me fracasser sur l'un de ces escarpements. Tu as surgi en te protégeant la figure avec la main. Tu m'as prise par la taille et tu m'as emmenée vers une steppe aux rochers gigantesques où la pluie ne tombait pas directement.

L'orage finit par se calmer. On entendit les stridences de bêtes malfaisantes, les seuls habitants du coin, ainsi que les plaintes du muletier qui déplorait la perte de son animal. J'étais folle de rage. J'étais crottée jusqu'aux oreilles. Je ne pouvais même pas savoir quels effets j'avais perdus. Malgré l'accalmie, il flottait dans l'air une sorte de brume (c'étaient peut-être des nuages très bas) qui nous enveloppait ; on ne pouvait distinguer le bout de nos doigts. Ainsi, cahin-caha, j'ai heurté l'une de ces mules du diable qui me lança une ruade terrible en pleine poitrine. J'en ai eu le souffle coupé et j'ai cru ma dernière heure arrivée. Mais nous avons continué d'avancer dans ce pays de mort. Nous sommes redescendus par des pentes dont la seule vue me faisait vomir, pour arriver au bord de la rivière Toa (c'est toi qui m'as appris son nom, Ricardo). Le fleuve écumant était déchaîné, ravageant tout sur son passage. Les mules refusaient d'affronter ses eaux tumultueuses. Le muletier, excité, les frappa en les abreuvant d'injures. La première mule entra dans l'eau et fut happée aussitôt. Deux autres, chargées d'étoffes somptueuses, nous quittaient déjà, englouties par le courant, en braillant dans l'écume. La coupe était pleine, Ricardo. Je t'ai annoncé que je ne ferais plus un pas et qu'à ce train-là nous arriverions tout nus au phare de Maisí. Mais dans ton obstination, tu as franchi le fleuve, juché sur une mule. Les autres bêtes t'ont suivi. Puis, le muletier m'a soulevée à bout de bras (je poussais des hurlements, croyant ma fin arrivée) et m'a fait traverser à la nage. Sur les galets de l'autre rive, on a pu sécher un peu mais on ne s'est même pas changés. D'ailleurs, toutes les affaires étaient trempées.

Au crépuscule, nous sommes arrivés dans la contrée désertique où notre voyage devait prendre fin. Nous avons gravi la dernière côte et contemplé le panorama. Quel spectacle déprimant, Ricardo. Une esplanade jonchée de pierres et de sables humides, entourée de rochers et de cactus rigides aux allures de spectres. Au loin, de grands puits en ciment (tu m'as dit que c'étaient des brûleries de café) semblables aux cratères de la lune, rendaient le paysage tout à fait irréel. Pour comble, le phare, ballottant dans les vagues, braquait son faisceau lumineux sur un coin de ciel, noircissant ou illuminant les nuages. A l'horizon dans la mer, un lointain crépitement, comme des lucioles qui se noieraient. Je t'ai demandé ce que c'était. Tu as répondu : « Les lumières de Haïti. » « Mon Dieu ! dis-je, alors on est au bout du monde. »

Ça en avait tout l'air, Ricardo. Les cactus, les sables, le patelin avec ses quatre bicoques de planches vermoulues, le grondement de la mer surtout, me donnaient l'impression que nous étions submergés et que jamais plus nous ne pourrions refaire surface.

Le muletier, avec toute la caravane d'animaux survivants, nous fit passer entre des baraques délabrées jusqu'à une paillote minable (il n'y avait pas d'hôtel naturellement) où nous fûmes reçus avec un mélange d'effroi et d'émerveillement. Pauvres gens, tout d'abord ils nous ont pris pour des touristes hongrois. Et ils nous ont hébergés. Cette nuit-là, on s'est enfermés dans une pièce en bois toute grinçante qui paraissait sur le point de s'écrouler. Mais j'étais apaisée, et j'ai commencé à passer les étoffes en revue, à les aérer, à faire le décompte des vêtements qui nous restaient. Toi tu n'arrêtais pas d'épier à travers les fentes des planches, comme si tu attendais un visiteur. Mais personne n'est venu, Ricardo. J'avais fini par me calmer. Pour ne pas entendre l'éternel grondement de la mer, je me suis enveloppée la tête dans l'ample étole tricotée en gros point de chaînette. Puis je me suis jetée sur un grabat grinçant. Que de choses à passer en revue. Nous avions donné au muletier nos derniers pesos. Nous étions dans une région reculée... Mais j'ai fini par m'endormir tout doucement.

Tu m'as fait lever de très bonne heure. « Allons au phare », m'as-tu dit. Je n'ai même pas protesté. On s'est mis en route. Heureusement il faisait beau. Les cactus avaient perdu leur noirceur impressionnante et luisaient comme des candélabres exotiques. Les grilloirs à café, en contrebas, faisaient songer à de paisibles piscines. La mer, presque immobile, n'atteignait même pas les brisants du phare. Haïti avait disparu dans la clarté.

Nous arrivâmes. La femme du gardien de phare, avec ses trois enfants pendus à ses basques, vint à notre rencontre avec effusion, ce qui ne laissa pas de m'étonner. Très flattée, elle nous fit entrer dans son logis, où se trouvait son mari. L'un et l'autre nous ont traités comme des princes. Ils ne nous ont demandé à aucun moment qui nous étions ni ce que nous voulions. Déconcertée, j'ai essayé de deviner avec qui ils pouvaient nous confondre. Ils nous ont offert du café et nous ont invités à partager leur repas. Nous avons accepté de mauvaise grâce. Tu t'es mis à bavarder avec l'homme. Il t'expliqua que la région était très isolée — qui pouvait en douter — mais que ce jour-là, comme on commémorait le débarquement de Maceo à Duaba, tout près du phare, il y aurait une fête nocturne, ici même — il désignait l'esplanade où se dressait le phare. Il a ajouté, comme pour s'excuser, qu'il ne pourrait pas y assister car il devrait s'occuper des gros fanaux de la tour. Je t'observais, Ricardo, tandis que la femme, toujours aussi aimable, raccommodait l'un de mes costumes ravissants. Tu étais si attentif. On aurait dit que cet homme à la barbe hirsute te révélait un secret inconcevable. Sitôt après déjeuner, tu as voulu revenir au gîte.

Dès notre arrivée, tu as transporté toutes les valises (j'ai dû te donner un coup de main) jusqu'aux rochers du phare où se déroulerait la cérémonie. Presque en fin d'après-midi, nous avons commencé à nous habiller dans la propre maison du gardien de phare. Au crépuscule nous sommes sortis sur l'esplanade.

Du côté des rochers, les paysans défilaient avec leurs machettes sous la chemise, comme une côte saillante. Ils avançaient dans ce paysage de serpents en chantant l'hymne patriotique ; ils avaient l'air tout joyeux. Arrivés à l'esplanade du phare, ils s'assirent devant des tables préalablement dressées pour l'occasion. Quelqu'un posa des flambeaux aux quatre coins. Tout était prêt pour la fête. Les gens de la localité y assistaient aussi. L'un des paysans parmi les plus âgés, juché sur une caisse, commença un discours. Maintenant il faisait nuit noire. La lumière du phare, se dressant dans la mer, zébrait parfois l'esplanade, ce qui nous éblouissait. L'homme parlait toujours. Quand il mentionna le mot *Cacarajícara*, je ne pus m'empêcher de pouffer de rire. Il termina enfin. Tout le monde applaudit et la fête commença.

Un groupe archaïque composé de guitares, d'instruments du temps de Mathusalem et même d'une curieuse mandoline, commença à jouer un air abominable, comme de juste. C'était le bon moment : main dans la main, nous avons fait notre entrée sur la scène rocailleuse, en exhibant nos habits rituels. Mais pour moi, c'était une cérémonie sans grande importance, aussi me suis-je contentée de montrer mes sabots à pointe tricotée, mes bas résille au crochet, ma jupe à traîne éventail et entre-deux, un boléro faufilé sous une courte pèlerine écarlate et des gants au point illusion... En revanche, toi tu faisais de l'esbroufe avec tes jeans clinquants, ton ample chemise à rayures bleues sur fond noir, ton dolman, ton béret à trous-trous, une soubreveste étincelante, un panama et une cravache d'ivoire. Dès le premier instant — je viens de le réaliser — tu as voulu m'éclipser, Ricardo. Mais le succès a été pareil pour nous deux. Nous avons traversé la vaste esplanade en nous faufilant entre les tables et les grandes jarres de limonade, sous les regards extasiés du public entier. On a fait tout le tour. Les applaudissements crépitèrent. Pleinement satisfaite (j'ai pensé : enfin s'achève cette traversée infernale), je suis revenue à notre place sous une ovation fantastique qui fit taire les guitares. Alors Ricardo, hélas, la lumière du phare oscilla au-dessus de la mer, se dressa tout droit pour aller se perdre dans le ciel, puis retomba d'un coup sur un côté de l'esplanade. J'en suis restée médusée. Le jeune homme était là, assis à une table, la chemise déboutonnée, et il examinait ses mains. Il examinait ses mains, Ricardo ! Il nous ignorait. Je me suis catapultée au milieu de la scène et j'ai refait une exhibition vestimentaire. Tu en as fait autant : en plein milieu de l'esplanade, tu défilais d'un pas martial ; tu mettais et ôtais ton béret, parfois tu levais la main. Tout en continuant mon exhibition, j'ai lorgné le garçon à la chemise ouverte. Le regard tourné vers le lointain, il contemplait la mer. J'ai été prise de panique. J'ai cru que j'allais mourir sur-le-champ, foudroyée par un rayon mortel. Mais je n'avais pas de temps à perdre. Je me suis jetée sur les valises, et j'ai enfilé ma tunique grecque. Tu étais déjà revenu sur l'esplanade exhibant ton kimono à paillettes. J'ai fait deux tours de piste, et retour aux valises ; je me suis foutu sur le dos ma cape de Guingamp ornée de rubans et de fanfreluches. Tu exhibais déjà ton képi de général. En un éclair, j'ai passé mon tailleur à perles bleues et à galons au point bas. Tu défilais déjà, déguisé en évêque. Je me suis affolée, et dans un tonnerre d'applaudissements qui ne m'intéressaient plus, j'ai ouvert brusquement une autre valise et je me suis parée de ma robe de gala au point fantaisie. Tu montrais ton grand sweater de style anglais imitation astrakan. Atterrée (le tonnerre d'applaudissements devenait assourdissant), j'ai lorgné encore le jeune homme et je l'ai vu, ferme et distant, qui observait le promontoire rocheux que les vagues commençaient à éclabousser. Retour aux valises d'où j'ai extirpé ma robe longue d'après-midi rouge vermeil de coupe semi-droite. Toi tu étais déjà ficelé dans ton ample cafetan. Je me suis dépêchée d'enfourner ma tête sous le gros turban. Toi, juché sur tes grandes échasses, tu avais mis ta chasuble et ton bonnet de clown. Je me suis aussitôt déguisée en domino. Tu passais déjà ta houppelande en velours cramoisi. En vitesse, je me suis boudinée dans le couvre-lit américain à nœuds français, j'ai foncé sur scène et je me suis tournée vers le jeune homme. Il avait l'air d'observer avec attention tous les gens de la fête, qui étaient en train d'applaudir. Il observait tout le monde, Ricardo, sauf nous. C'est en tremblant que j'ai ouvert la cinquième valise d'où j'ai tiré ma collection d'ombrelles mauves. Cependant tu montrais tes galoches en caoutchouc et ta perruque gris acier. Sans perdre une minute, j'ai sorti alors mon fabuleux costume d'amazone. Te voilà déjà en train d'enfiler par la tête ton tee-shirt imprimé. J'ai fait voir mon tricot au point de chaînette. Tu t'es promené en manteau de pluie, coiffé d'un sombrero mexicain. Déballant ma collection de maillots de bain, j'ai encore lorgné le garçon qui semblait assez las et ne regardait nulle part. J'ai mis aussitôt mon chapeau de feutre à larges bords et mon déshabillé bleu de Prusse. Tu es apparu en short, bottes, *guayabera* et manteau *mapache*. J'ai alors exhibé mon déguisement de jardinière. Le public était en délire. Nous étions exténués, Ricardo. Mais nous ne pouvions nous avouer vaincus. J'ai sorti mon grand costume impérial au point illusion noir, ma couronne et mon petit manchon. Toi, ton pantalon de velours côtelé et ta cape de Superman. Moi, ma tunique hollandaise. Toi, ton costume de pharaon. Moi, ma minaudière brodée et mon parapluie de soie écrue. Toi, ta soutane monacale. Moi, mon peignoir corinthien. Toi, ta cape gris souris et ton chapeau à plumes d'autruche. Moi, ma casaque à lisières galonnées. Toi, ton grand déguisement d'amiral. Moi, ma petite résille de cristal. Toi, le tee-shirt avec le mot *MOI* imprimé. Moi, la minijupe au point torsadé. Toi, le saroual. Moi, ma robe de fée et mon sac à soufflets dorés. Toi, la redingote prince Albert. Moi, l'éventail en plumes de paon. Toi, le tricorne en laine de couleur citron vert. Moi, le cache-col en georgette à franges noires. Toi, la mitre papale à fanons d'or. Moi, les pèlerines et la cordelière rouge sang. Toi, la tenue de cosmonaute... On continuait à exhiber notre collection sous les applaudissements et le tourbillon lumineux du phare, qui montait et descendait, faisait resplendir l'esplanade et tombait parfois sur le jeune homme toujours aussi indifférent. Pour finir nous avons ressorti les vieilles fringues que nous ne portions plus, teintes aux colorants Dalhia et Violette Gentiane. Nous avons poursuivi le défilé de mode avec ces guenilles sur le dos. Mais à quoi bon, Ricardo ? Tout le monde nous a applaudis. Tout le monde, excepté celui qui apparemment s'était remis à examiner le bout de ses doigts. Soudain, la lumière fut braquée sur toi, et je t'ai vu sauter sur place, presque nu, pour exhiber un suspensoir fait au point ras. Je ne me suis pas donnée pour battue. En un clin d'œil, je me suis dépouillée de tous mes vêtements, et j'ai fait mon apparition sans rien d'autre qu'un slip d'organdi incrusté de paillettes. Je t'ai vu te draper à toute vitesse dans la couverture tricotée au point de Santa Clara. Tu t'es mis à faire des pirouettes sur les rochers. Tu as bondi, tu es tombé par terre, tu t'es remis debout et tu as levé les bras ; tu as jeté la grande couverture, tu as dansé à cloche-pied en te frappant la poitrine. Tu avais brisé notre pacte, Ricardo. Le pacte tacitement conclu depuis le jour où maman nous avait fait voir les choses telles qu'elles étaient : *on ne se distinguerait que par nos fringues...* Mais ce n'était vraiment pas le moment pour moi de méditer là-dessus. Je ne pouvais pas être en reste. Drapée dans une grande cape de lamé à cocardes roses, je me suis mise à danser une gigue écossaise. Toi, tu scandais déjà le rythme d'une revue internationale. Le cœur sur les lèvres, j'ai expédié dix-sept jetés-battus. Tu dansais un paso-doble. J'ai improvisé un flamenco. Tu as dansé le *go-gó.* J'ai aussitôt inventé une danse exotique. Tu as rythmé une conga spectaculaire. J'ai dansé une samba. Tu as attaqué une danse ukrainienne. J'ai dansé à la manière d'une geisha. Toi, comme un prince égyptien. Moi, en ballerine classique. Toi, en soliste du Bolchoï. Moi, en sorcière de Finlande. Toi, en oiseau de feu... J'ai fini par comprendre l'inutilité de toutes ces danses, alors je me suis précipitée sur les musiciens et je me suis mise à jouer de cette étrange mandoline. Au même moment, tu courais à travers l'esplanade une jarre sur la tête. Alors, à bout de souffle, j'ai foncé vers la table où se trouvait le jeune homme aux yeux baissés, et j'ai jeté ma grande cape ; seulement vêtue d'un cache-sexe phosphorescent, j'ai tapé du poing sur la table. J'ai élevé la voix en gesticulant, je me suis débarrassée de mon cache-sexe, j'ai lancé des mots orduriers. J'ai hurlé en me labourant le visage. Un peu avant de m'écrouler, épuisée, je t'ai vu, toi, comme dans un cauchemar interminable, t'asseoir exténué sur un côté de l'esplanade. Nous étions vaincus tous les deux. Notre fatigue était telle que nous ne pouvions même plus nous relever. Notre déroute était totale, Ricardo. Mais alors que j'avais le souffle coupé, j'ai vu le jeune homme se lever de son siège. Un frisson de bonheur me parcourut soudain. « Maintenant, il va me regarder », t'ai-je dit. J'ai même essayé de remettre de l'ordre dans ma coiffure... J'ai vu le garçon se lever, marcher d'un pas viril, traverser la scène d'un bout à l'autre jusqu'à l'endroit où tu gisais, évanoui. Je l'ai vu s'approcher de toi et te regarder. Je l'ai vu tendre la main pour t'aider à te relever. Je vous ai vus enfin tous les deux, deux serpents, marcher sur le promontoire rocheux. « Tant pis pour Éva », « Tant pis pour Éva », chantiez-vous d'une voix extraordinairement limpide tandis que vous alliez vous perdre entre les éboulis et les cactus du côté de la mer. Alors j'ai compris que tu m'avais toujours menti, Ricardo. Toujours, dès notre première rencontre. Eh oui, quand le garçon, auréolé de je ne sais quel éclat, se leva et décida de te regarder, j'ai compris que ce n'était pas moi précisément qui avais les plus beaux yeux du monde... J'ai essayé de me lever sans y parvenir. J'ai essayé de parler et ma voix s'est brisée. J'ai essayé de pleurer, et les sanglots me sont restés dans la gorge. Brusquement, la lumière du phare fut braquée sur moi. Tout devint blanc comme en plein midi. A cet instant, j'ai perdu connaissance.

Le matin, au réveil, j'avais l'impression d'avoir atterri dans un autre monde. La femme du gardien de phare tentait de me consoler, mais je ne l'ai même pas regardée. Au lit, effondrée, j'entendais le vent claquer sur le toit et contre les parois en planches ; au travers d'une sorte de brume, je voyais les enfants entrer et sortir de la pièce. Pendant quelques jours, je crois, j'ai eu un pied dans la tombe. Tout cela par ta faute, Ricardo. Mais je me suis ressaisie. Finalement, au bout de quelques semaines, je fus à même de quitter cet endroit affreux. Je suis partie sur une mule rétive que m'avait prêtée le gardien de phare. Il me précédait sur une autre mule tirant une carriole avec mes bagages. Avant mon départ, j'avais demandé à sa femme, sur un ton qui se voulait le plus indifférent possible, si elle connaissait le jeune homme avec qui tu étais parti. Elle me répondit que oui : c'était un pêcheur des environs qu'elle avait vu à plusieurs reprises. Elle ajouta que je n'avais pas de souci à me faire car vous étiez sûrement allés à la pêche, et dès votre retour, elle t'aiderait à quitter cet endroit comme elle le faisait pour moi en ce moment. Mais ses paroles sonnaient faux. J'ai remarqué qu'elle me parlait en esquivant mon regard. Je ne lui ai posé aucune autre question. Je crois même avoir oublié de lui dire au revoir. Je me suis hissée à grand-peine sur le dos de cet odieux animal qui s'est cabré aussitôt et a failli me faire tomber sur la tête. Puis il a avancé plus calmement. En quittant le village pour entreprendre l'escalade de la montagne, j'ai tourné la tête. J'ai vu le phare étincelant au soleil, au-dessus d'une mer transparente et paisible. Éperonnant la mule, j'ai poursuivi mon chemin.

Le voyage de retour commença. Le voyage à La Havane. Sans toi, Ricardo. Avec le peu d'argent que m'avaient prêté ces personnes étrangères. Dès mon arrivée à Camagüey, je n'avais plus un sou en poche. Alors je me suis mise à vendre notre garde-robe de rêve. Les gens ont fait des queues incroyables, Ricardo, pour acheter nos costumes. Je suis arrivée à La Havane en avion ; je portais mon tee-shirt au point nain avec le mot *MOI*, et ma jupe à empiècements violets. J'ai tout liquidé, Ricardo. Je suis rentrée à la maison avec seulement les vêtements que je portais sur le dos et le sac plein d'argent. J'avais l'impression de revenir d'un autre monde. La maison elle-même avait changé, elle paraissait plus vaste, plus odieuse. Heureusement, la radio était restée en place. Je l'ai allumée. Roberto Jordán s'est mis à chanter *La fille aux yeux couleur café*. Cette musique braillarde m'a mise en joie. J'ai commencé à la fredonner. Quand Los Meme chantèrent *Reproche*, ma joie fut sans mélange. J'ai pris le sac plein d'argent et je suis partie faire les magasins.

J'ai acheté toute la ration de fil qui s'était accumulée en notre absence. Et je me suis mise à tricoter, Ricardo, sans me pencher à la fenêtre ni répondre au téléphone ; je pensais à toi et il m'arrivait de pleurer. De pleurer, oui, en oubliant la radio, en oubliant presque de manger ; et j'ai continué à tricoter, à quatre aiguilles, cette robe extraordinaire au point de crochet. Cette robe noire fabuleuse à laquelle j'apporte la touche finale en incrustant les nœuds français dans le dernier liséré. Je sortirai dans la rue de noir vêtue des pieds à la tête, dans ce costume immortel. Dorénavant, telle une grande veuve, je m'exhiberai de tous côtés. Oui, telle une grande veuve. Car s'il est une chose dont je suis certaine, Ricardo, c'est que la femme du gardien de phare s'est trompée ou qu'elle m'a caché la vérité, car tu ne reviendras jamais.

Deuxième Voyage

MONA

Je suis pleinement conscient que n'étant pas un homme...

Léonard de Vinci, *Carnet de notes.*

PRÉSENTATION DE DANIEL SAKUNTALA

En octobre 1986, la presse de la plupart des pays du monde diffusa une étrange nouvelle. Un Cubain nommé Ramón Fernández, âgé de vingt-sept ans, arrivé aux États-Unis par le pont maritime d'El Mariel, avait été arrêté au Metropolitan Museum de New York au moment où « il tentait de poignarder » (sic) La Joconde, le célèbre tableau de Léonard de Vinci, évalué à une centaine de millions de dollars. De nombreux journaux d'ici publièrent une information rudimentaire sur le peintre et sur son œuvre, puis ils laissèrent entendre que M. Fernández pouvait être l'un des nombreux malades mentaux expulsés de Cuba en 1980. Par faveur spéciale du musée du Louvre, le célèbre tableau allait rester exposé à New York jusqu'au 15 novembre 1987. Ainsi se terminait l'information donnée par les journalistes qui, soit pour des raisons diplomatiques, soit par ignorance, omettaient de préciser que le gouvernement français de M. Mitterrand allait empocher cinq millions de dollars en échange de la « faveur » d'autoriser Mona Lisa à traverser l'Atlantique. On remarquera avec intérêt que la presse — surtout nord-américaine — souligna avec insistance que le malade mental ou supposé tel était un exilé *Marielito*. Autre fait insolite, tous les articles évoquaient « une tentative de coup de poignard » contre le tableau alors que, selon tous les documents et le propre aveu de l'accusé, l'arme qu'il détenait était un marteau... Quelques jours après, le 17 octobre, le *New York Times,* dans l'une de ses pages intérieures, diffusa la nouvelle de la mort étrange de Ramón Fernández en prison : « Ce matin le jeune Cubain qui avait tenté de détruire le chef-d'œuvre de Léonard de Vinci a été découvert étranglé dans la cellule où il attendait sa comparution devant les tribunaux. Curieusement — poursuivait le journal — on n'a retrouvé aucun objet qui aurait pu servir à commettre un suicide. En raison de l'état mental du détenu, on lui avait interdit tout objet susceptible de l'aider à porter atteinte à sa vie. Pas la moindre ceinture, pas le moindre lacet de soulier à la disposition du détenu, qui apparemment s'est pendu de ses propres mains. En outre, aucune personne étrangère à la prison n'a rendu visite à M. Fernández, lequel, selon les déclarations du chef de la prison, avait passé les six jours de son emprisonnement dans un état d'extrême surexcitation nerveuse, à écrire ce qui, semble-t-il, était une longue lettre destinée à l'un de ses amis cubains en exil. Le chef du centre de détention déclara que, s'agissant d'un cas spécifique, il avait pris la précaution de lire ledit document (qui lui fut remis par l'un des policiers qui s'était fait passer pour l'ami de M. Fernández) ; ce texte prouvait le haut degré d'aliénation mentale dont souffrait le détenu. Après avoir fait photocopier la lettre, il donna l'ordre de l'envoyer à son destinataire « puisqu'elle n'apportait au dossier que néant intégral » (sic)... Deux jours après, seuls quelques journaux (maintenant c'était le suicide de Mère Teresa qui occupait la une), révélèrent que le corps de Ramón Fernández avait mystérieusement disparu de la morgue dans l'attente d'une nouvelle visite du médecin légiste et du procureur. Ici prennent fin les nouvelles à peu près fiables sur ce cas ; nouvelles qui étaient parties sur une équivoque (le soi-disant coup de poignard à Mona Lisa) pour finir de même (le soi-disant suicide du détenu). Avec cette prescience qui est le propre de l'ignorance, la presse à scandale a peut-être deviné que tout cela cachait un crime passionnel... Faut-il préciser qu'une flopée de feuilles de chou et de magazines new-yorkais — dits libéraux car disposés à défendre tout empire ennemi des États-Unis —, et à leur tête le *Village Voice*, donnèrent une autre version des faits : Ramón Fernández était un terroriste cubain anticastriste qui, en signe d'opposition au gouvernement socialiste de France, avait tenté de détruire le plus célèbre chef-d'œuvre que possède ce pays... Par-dessus le marché, afin de nous affubler du qualificatif de troglodytes, un libelle édité en espagnol dans le New Jersey sous l'égide d'un Cubain délirant (M. Luis L. Suardíaz) publia un éditorial pour exalter « l'action patriotique » de Fernández qui, par ce « geste », n'avait fait qu'attirer l'attention du gouvernement français sur le cas de Roberto Bofill, Cubain alors réfugié à l'ambassade de France à La Havane, et auquel Castro refusait obstinément l'autorisation de quitter le pays.

Trois mois se sont écoulés depuis la mort mystérieuse de Ramón Fernández. La Joconde a réintégré sa place habituelle au Louvre. Apparemment, le dossier est clos.

Mais certains ne se résignent pas à une conclusion aussi soudaine après avoir eu « l'honneur » d'illustrer par deux fois les pages du *New York Times* et de tant d'autres journaux. Cette personne, c'est moi, Daniel Sakuntala, le destinataire du témoignage rédigé par Ramón Fernández, car il est évident que si la police me l'a fait parvenir (une semaine après la mort de Ramón), ce fut dans l'intention de vérifier si j'avais une relation trouble et compromettante avec le « suicidé criminel » ; ou bien pour la découvrir en observant mes réactions et en me suivant pas à pas, chose qu'elle n'a pas manqué de faire, j'en suis certain.

Dès réception du manuscrit de mon ami Ramoncito, que je connaissais depuis Cuba, j'ai essayé de le publier dans une revue ou un journal respectables, mais tous les éditeurs ont affirmé avec ensemble, comme de vulgaires policiers, que ce témoignage ou rapport était l'œuvre d'un personnage halluciné ou dément qui tournerait en ridicule quiconque le publierait. Voyant qu'aucun organe de presse important ne voulait faire paraître ce texte, je me suis adressé, de guerre lasse, à Reinaldo Arenas pour voir s'il pouvait l'insérer dans sa revue, *Mariel*. Mais Arenas, avec sa frivolité proverbiale [1], et malgré le fait qu'il était gravement malade du sida, dont il vient de mourir, s'est moqué de ma proposition en alléguant que *Mariel* était une revue contemporaine et que ce type de « récit à ma manière très XIXe siècle » n'avait pas sa place dans ses pages. Il m'a asséné l'insulte la plus grave en me suggérant de m'adresser à la directrice du *Linden Lane Magazine*, Carilda Oliver Labra... J'en suis sûr, Arenas avait connu Ramoncito à Cuba et ce dernier, qui n'avait de passion que pour les femmes-femmes, ne lui prêta pas la moindre attention. Mais ceci est une autre histoire, comme celle de la gifle que mon ami Ramoncito, mon frère, avait flanquée en plein bus, là-bas à La Havane, à Delfín Prats parce qu'il s'était soudain jeté sur sa braguette... Non, aucun organe respectable n'a voulu publier le témoignage désespéré de mon ami. Ce témoignage, s'il avait été pris au sérieux, aurait sauvé la vie de Ramoncito comme il sauvera, je l'espère, la vie de bien des jeunes gens aussi séduisants que lui.

De sorte que j'assume moi-même, à mes frais, la publication de ce document et sa diffusion par tous les moyens à ma portée. Voici le texte dans lequel je n'ai intercalé que quelques notes explicatives. Espérons qu'un jour quelqu'un le prendra au sérieux.

Signé : Daniel Sakuntala.

---

1. Non content d'être frivole, Arenas était un individu d'une inculture totale. Qu'il suffise de signaler que dans son récit *Fin d'un conte*, il place une statue de Jupiter au-dessus de la Bourse du Commerce de La Havane ; pourtant, tout le monde le sait, la coupole de cet édifice est surmontée d'une statue du dieu Mercure. *(Note de Daniel Sakuntala.)*

NOTE DES ÉDITEURS

Avant de poursuivre la publication du témoignage de Ramón Fernández, nous souhaitons apporter certains éclaircissements. Daniel Sakuntala n'a jamais réussi à publier ce document de son vivant en dépit de ses efforts acharnés. Il semble qu'au dernier moment, les moyens économiques lui aient fait défaut. Nous détenons la copie d'une lettre de la maison d'édition Playor qui réclamait deux mille dollars d'avance pour « l'impression de l'opuscule ». En définitive, le texte a été publié il y a déjà plus de vingt-cinq ans, exactement en novembre 1999 dans le New Jersey, après la mystérieuse disparition (car on n'a jamais retrouvé son cadavre) de M. Sakuntala près du lac Ontario. Ses imprimeurs dirigeaient à l'époque la revue *Unveiling Cuba*, c'étaient MM. Ismaele Lorenzo et Vicente Echurre, récemment disparus d'ailleurs, avec presque tous les exemplaires du livre. (Selon des rumeurs non confirmées, ces vieillards sont retournés à Cuba après la prise de La Havane par l'île de la Jamaïque avec l'aide d'autres îles des Caraïbes et naturellement, de l'Angleterre.) Quant à Reinaldo Arenas, mentionné par M. Sakuntala, il s'agit d'un écrivain justement oublié qui s'était fait connaître dans les années soixante du siècle dernier. Effectivement, il est mort du sida à New York durant l'été 1987.

En raison du grand nombre d'errata dans la première édition de ces documents, et de la disparition quasi totale de celle-ci, nous sommes fiers d'affirmer que nous tenons la nôtre pour l'authentique édition princeps de ces textes. C'est pourquoi nous avons respecté l'orthographe et les expressions de Ramón Fernández, de même que les notes de Daniel Sakuntala et de MM. Lorenzo et Echurre encore que, vues d'ici, elles puissent paraître (ou être) aussi anachroniques que superfétatoires.

Les éditeurs,
Monterey, Californie, mai 2025.

TEXTE DE RAMÓN FERNÁNDEZ

J'écris ce rapport à toute vitesse et pourtant je ne sais pas si je pourrai en venir à bout. Elle sait où je me trouve, et d'un moment à l'autre elle viendra m'anéantir. Mais je dis *elle* et peut-être devrais-je dire *lui*, encore que ce ne soit pas non plus, sans doute, la meilleure façon de nommer *cette chose-là*. Je vois bien que depuis le début elle (ou lui?) m'embrouille, me trompe et tente même de m'empêcher d'écrire ce plaidoyer. Mais je dois le faire ; je dois le faire avec le maximum de clarté. Si j'en viens à bout, si quelqu'un le lit, s'il y a un être humain pour y croire, j'aurai peut-être la vie sauve. Car ici en prison les chefs ne feront rien pour moi ; cela, je le sais parfaitement. Quand je leur ai dit que je ne voulais surtout pas rester seul, que je voulais être enfermé à double tour et surveillé nuit et jour, ils ont pouffé de rire. Vous vous croyez important au point de bénéficier d'une surveillance spéciale? m'ont-ils dit. N'ayez crainte, de toute manière vous ne pourrez pas sortir d'ici. — Ce n'est pas que j'aie envie de sortir, moi — que je leur ai dit — ce qui m'inquiète, c'est que quelqu'un puisse entrer... — Entrer? Personne n'entre ici de son plein gré, monsieur, alors tenez-vous tranquille si vous ne voulez pas qu'on vous renvoie dormir illico. J'allais insister, mais avant même d'ouvrir la bouche, je vis chez l'un des officiers cet air ironique et supérieur de l'homme en liberté quand il regarde un fou, de surcroît emprisonné. Je compris alors qu'il ne m'écouterait pas.

Ainsi, tout ce qui me reste à faire, c'est d'écrire ; de raconter les faits tels qu'ils se sont déroulés ; de me dépêcher de rédiger tout cela bien clairement dans la mesure où ma situation me le permettra ; on verra si quelqu'un se décide enfin à me croire, ce qui me sauverait ; encore que ce soit très improbable.

Depuis mon arrivée à New York — il y a déjà plus de six ans —, j'ai travaillé comme *security* au Wendy's qui se trouve à Broadway, entre les 42e et 43e Rues. Vu que cet établissement est ouvert vingt-quatre heures sur vingt-quatre et que je suis dans l'équipe de nuit, mon travail a toujours été très vivant et j'ai côtoyé des individus de tout acabit. Là-bas, sans négliger mes responsabilités, j'ai connu un nombre incalculable de femmes qui venaient prendre une collation ou qui tout bonnement passaient dans la rue ; moi, revêtu de mon uniforme bien repassé aux galons dorés, je leur faisais signe derrière la vitre. Évidemment, elles ne se sont pas toutes données à moi, mais quand même la plupart d'entre elles. Et ce n'est pas pour me vanter. En une seule nuit de travail, j'ai réussi à draguer trois femmes (sans compter la caissière du Wendy's, une fille noire super-appétissante que je m'étais farcie cette fois-là aux toilettes pour dames). À l'heure de la sortie, problème : les trois autres m'attendaient. Je me suis débrouillé à ma manière, ce n'est pas le moment d'en parler, pour filer avec celle qui me plaisait le plus, tout en regrettant à vrai dire d'avoir à plaquer les deux autres. Il n'y a personne de ma famille dans ce pays et mes relations affectueuses, familiales même, je les ai toujours eues avec ces femmes anonymes que j'ai découvertes sur mon lieu de travail ou plutôt (sans fausse modestie), c'est elles qui m'ont découvert : sous prétexte de prendre un thé ou autre chose, elles entraient au Wendy's. J'étais donc sur le qui-vive à guetter dans la rue une femme digne d'un clin d'œil ou de tout autre signe, quand s'arrêta devant l'établissement un spécimen féminin absolument sensationnel. Une longue chevelure rousse, un front haut, un nez parfait, des lèvres fines et des yeux couleur de miel qui me fixèrent avec impertinence (indécence même) entre les faux cils. Je l'avoue, elle m'a impressionné d'emblée. J'ai ajusté ma veste d'uniforme et j'ai contemplé le corps de cette femme ; il avait beau être emmitouflé dans un épais vêtement d'hiver de couleur sombre, il promettait d'être aussi extraordinaire que son visage. J'étais encore sous le charme quand elle fit son entrée au Wendy's et enleva l'étole ou mantelet qui lui couvrait les épaules, dénudant ainsi une partie de ses seins. Dès cette nuit-là, nous nous sommes donné rendez-vous pour trois heures du matin, heure à laquelle je finissais mon travail.

Elle se nommait Elisa, me dit-elle, elle était d'origine grecque et se trouvait de passage à New York pour quelques semaines seulement. Je n'eus pas besoin d'en savoir plus pour l'inviter à découvrir ma chambre de la 43e Rue au West Side, à trois blocs seulement de mon lieu de travail. Elisa accepta sans hésiter, ce qui me remplit de satisfaction, car je n'aime pas ces femmes qu'il faut supplier pendant des mois pour qu'elles se décident à passer au lit avec vous. Seulement après, quand on veut s'en débarrasser, elles sont d'un collant, c'est la croix et la bannière. Moi qui n'avais jamais voulu avoir de problèmes au Wendy's, j'ai toujours fui ce genre de femmes « difficiles » qui par la suite, quand l'indifférence s'installe, sont capables de vous poursuivre jusqu'au fin fond de la Sibérie.

Mais avec Elisa — continuons à l'appeler ainsi — je n'ai pas eu ce genre d'histoire. Tout de suite, elle a mis cartes sur table. Je lui plaisais, c'était évident, et elle voulait coucher avec moi un certain nombre de fois avant de repartir en Europe. Si bien que je ne lui ai plus posé de questions personnelles (si tu veux prendre du bon temps avec une femme, ne la questionne jamais sur sa vie), et on s'est retrouvés au lit. Je dois avouer que malgré mon expérience, Elisa m'a étonné. Il y avait en elle non seulement l'imagination d'une vraie jouisseuse et la dextérité d'une femme qui a vu du pays, mais aussi un charme maternel qui, allié à ses espiègleries juvéniles et à son port de grande dame, la rendaient irrésistible. Jamais encore je n'avais tiré autant de plaisir d'une femme.

Je n'avais rien remarqué de bizarre en elle cette nuit-là, si ce n'est, par moments, une façon curieuse de prononcer certains mots et même certaines phrases. Par exemple, elle commençait un mot avec une douce intonation très féminine, et elle le terminait sur un timbre grave, presque masculin. J'attribuai cela à sa connaissance limitée de la langue espagnole, langue dans laquelle elle s'obstina à me parler en apprenant que j'étais cubain ; pourtant je lui avais proposé, pour la mettre à l'aise, de parler avec moi en anglais. Je ne pus m'empêcher de rire lorsqu'elle me dit (peut-être pour se féliciter de ma condition insulaire), qu'elle était née sur les rivages de la Méditerranée. Ce n'est pas en soi plus drôle de naître là que de venir au monde n'importe où ailleurs, mais elle prononçait chaque syllabe du mot *Méditerranée* d'une voix et sur un ton distincts. De sorte qu'en l'écoutant je n'avais pas l'impression d'être en compagnie d'une femme mais de cinq femmes totalement différentes. Lorsque je le lui fis savoir, je remarquai que son beau front se plissait.

Le lendemain j'étais off (je veux dire, en congé) et elle me proposa d'aller dîner au Plum, un restaurant chic qui ne convenait guère à l'état de mes finances. Je le lui fis savoir, alors elle me fixa d'un air assez moqueur, en me disant que j'étais son invité. Je ne me suis pas fait prier.

Ce soir-là au restaurant, Elisa a fait une chose qui m'a laissé pantois. Malgré le raffinement du lieu, le serveur avait oublié l'eau. À plusieurs reprises, je lui fis signe d'en apporter. L'homme disait d'accord, tout de suite, mais l'eau n'arrivait toujours pas. Alors Elisa s'empara du vase qui ornait notre table, en retira les fleurs, et but toute l'eau. Elle remit les fleurs en place et reprit sa conversation avec moi. Le tout avec tant de naturel que l'on aurait pu croire que boire l'eau d'un vase de fleurs, c'était la chose la plus normale du monde... Après dîner, retour dans ma chambre ; j'ai joui de nouveau, encore mieux que la fois d'avant, de ce corps sensationnel. Au petit matin, alors que nous étions à moitié endormis en train de nous embrasser, je me souviens de mon impression, pendant quelques secondes, d'avoir près de mes lèvres les babines d'un animal. Très vite, j'ai allumé. Auprès de moi heureusement, j'avais seulement les lèvres de la plus belle femme que j'aie jamais connue.

J'étais si emballé par Elisa que j'acceptai sa suggestion de ne pas aller travailler ce lundi-là au Wendy's. À l'en croire, c'était le seul jour de la semaine qu'elle pouvait passer avec moi, c'est pourquoi elle me proposa de faire un tour sur ma motocyclette (une Yamaha 1981), loin de New York.

Une fois sur l'autre rive de l'Hudson, du côté du New Jersey, elle me demanda de m'arrêter pour admirer la ville. J'ai freiné, comprenant que pour une étrangère (une touriste, à en juger par la libéralité de son comportement), la vue panoramique de Manhattan avec ses lignes de gratte-ciel qui à ce moment-là pénétraient dans le brouillard, devait être impressionnante. Moi-même, si habitué à ce panorama que je ne me donne même plus la peine de l'admirer, je fus séduit par le paysage ; je crois même avoir aperçu une lueur intense émanant des buildings les plus hauts. Fait plutôt étrange car à cette heure-là, onze heures du matin environ, les gratte-ciel n'avaient pas de raisons d'être éclairés. Je me retournai pour en faire la remarque à Elisa mais celle-ci, accoudée à la balustrade donnant sur le fleuve, ne m'entendit pas. Elle était absorbée dans la contemplation de cette étrange lueur et elle prononçait quelques mots inintelligibles à mon oreille, d'où je déduisis qu'ils provenaient de sa langue maternelle. Pour la soustraire à son monologue, je m'approchai d'elle par-derrière et posai mes mains sur ses épaules couvertes de la grosse étole. Un frisson me parcourut l'échine. L'une de ses épaules formait une sorte de protubérance aiguë, comme si l'os s'était disloqué en forme de crochet. Pour m'assurer de cette difformité que, bizarrement, je n'avais pas découverte jusque-là, je palpai de nouveau son épaule. Mais la malformation avait disparu et ma main, à travers l'étoffe, caressait une peau tiède et satinée. Certainement, ai-je pensé alors, ce que j'avais touché auparavant était une épingle de sûreté, ou bien une épaulette qui venait de se remettre en place. À ce moment-là, Elisa se retourna pour me dire que nous pouvions reprendre la route dès que je le souhaiterais.

Nous avons enfourché ma motocyclette, mais elle refusa de redémarrer. Je l'examinai minutieusement, puis je finis par déclarer à Elisa qu'à mon avis nous ne pourrions pas reprendre la route. La motocyclette avait rendu l'âme, alors il valait mieux l'abandonner sur place et rentrer à Manhattan en taxi. Elisa me demanda d'examiner elle-même le moteur. Je m'y connais là-dedans, m'affirma-t-elle avec un sourire, dans mon pays j'ai une Lambretta — oui, c'est ce qu'elle a dit — tout à fait semblable... Sceptique quant à ses talents de mécanicienne, je m'approchai de la terrasse au bord de l'Hudson, et j'allumai une cigarette. Je n'eus pas le temps de la fumer. Le démarreur de la motocyclette s'était remis en marche après l'explosion caractéristique.

Enchantés, nous sommes repartis. Comme Elisa le suggéra, nous avons roulé vers le nord par la route 195, en direction d'un petit village de montagne, près du chemin menant à Buffalo. Le midi automnal devenait de plus en plus radieux à mesure que nous montions. Les arbres, d'un rouge si intense, semblaient flamboyer. Le brouillard s'était dissipé ; un éclat presque chaud baignait le paysage. Regardant Elisa dans le rétroviseur, je remarquai en elle une douce expression de sérénité. C'était si agréable de la voir ainsi, son visage d'une mystérieuse placidité se détachant tout contre la forêt que, fasciné, je ne cessais de l'observer dans le petit miroir. Un instant, à la place de son visage, je crus voir celle d'un horrible vieillard, mais je pensai que ce n'était là qu'un effet de la vitesse qui provoque la distorsion de toute image... Dans l'après-midi, nous avons pénétré au cœur de la montagne et avant le coucher du soleil nous fîmes halte dans un village aux maisonnettes à un ou deux étages piquées sur une colline. Plutôt qu'un village, cela évoquait un promontoire de pierres blanchies à la chaux, dirait-on, sur lesquelles se détachait, plus blanc encore, le clocher d'une église si ancienne qu'elle ne paraissait pas américaine. Elisa me livra la clé du mystère. Le village avait été fondé par une communauté d'Européens (Espagnols et Italiens) émigrés depuis le XVIIe siècle, qui avaient choisi cette contrée isolée afin de conserver leurs coutumes. Ils étaient d'origine paysanne, c'est pourquoi, selon Elisa, bien qu'arrivés vers 1660, ils vivaient à cette époque-là (maintenant aussi, apparemment) en plein Moyen Âge. Effectivement, c'était un petit bourg médiéval — encore que pourvu d'électricité et d'eau courante — qui avait été construit sur une montagne de l'État de New York [2].

Je ne fus pas autrement surpris par les connaissances historiques et architecturales d'Elisa. J'ai toujours estimé que les Européens, de par leur origine, peuvent connaître le passé mieux que n'importe quel Américain. Jusqu'à un certain point, et qu'ils me pardonnent, ils sont eux-mêmes le passé.

---

2. Évidemment, la ville dont parle Ramoncito est Syracuse, au nord de l'État de New York. Son nom d'origine est Siracusa, port et province d'Italie, patrie d'Archimède et de Théocrite, qui abrite un célèbre théâtre grec. *(Note de Daniel Sakuntala*[3]*.)*
3. Nous sommes en total désaccord avec M. Sakuntala. Après avoir parcouru tout l'État de New York, nous sommes arrivés à la conclusion que la ville où débarqua Ramón Fernández en compagnie d'Elisa n'est autre qu'Albany[4]. Elle est la seule à posséder ces maisons de pierre « comme blanchies à la chaux » piquées à flanc de montagne. On y trouve aussi une vieille église au clocher tout blanc. *(Note d'Ismaele Lorenzo et de Vicente Echurre en 1999.)*
4. Nous rejetons les théories de Daniel Sakuntala autant que celles de MM. Lorenzo et Echurre. Il ne peut s'agir que de la ville d'Ithaca située en montagne au nord de New York. Rappelons que d'après le témoignage de M. Fernández, « plutôt qu'un village cela évoquait un promontoire de pierres ». C'est exactement le cas d'Ithaca. Les rochers constituent la célèbre université de Cornell, et la tour blanche qui a l'air d'une église n'est autre que l'énorme pilier au sommet duquel se dresse l'horloge de la bibliothèque. *(Note des éditeurs en 2025.)*

La sonnerie annonçant notre repas retentit. Je me précipite. Là, mêlé à tous les détenus, dans le vacarme des assiettes, des couverts et des cris, je me sens plus en sécurité qu'ici, seul dans ma cellule. Pour me stimuler, je me promets que dès la fin du repas, je me remettrai à rédiger mon rapport.

Je suis maintenant à la bibliothèque de la prison. Il est onze heures du soir. Je me dis que si rien de tout cela ne m'était arrivé, je me trouverais à l'heure qu'il est au Wendy's, revêtu de mon uniforme bleu à galons dorés, derrière la vitre bien à l'abri du froid, et je serais occupé à détailler d'un œil de connaisseur toutes les femmes passant sur le trottoir d'en face. Mais en ce moment, les femmes, c'était le dernier de mes soucis... Bouclé ici pour un délit que je n'ai pas commis mais qui, vu ma condition de *Marielito*, fait de moi un coupable, j'attends ; non pas la sentence qui, au point où en sont les choses, ne m'inquiète guère, mais l'arrivée d'Elisa qui viendra me tuer dès qu'elle le pourra.

Mais revenons quelques jours en arrière, à la nuit passée dans ce village de montagne si cher à Elisa. Nous avons fait un tour dans les environs avant de nous diriger vers un restaurant qui rappelait une auberge d'Espagne, du genre de la Bodeguita del Medio, là-bas à La Havane, où je n'avais pu aller qu'une seule fois, et encore parce qu'une Française m'y avait invité... Elisa connaissait bien le coin. Elle sut choisir la meilleure table et sélectionner les meilleurs plats. On voyait qu'elle était dans son élément. Je crois que sa beauté augmentait graduellement. Elle sut également choisir un petit hôtel intime ; style pension de famille. Nous nous sommes couchés de bonne heure et nous avons fait l'amour sauvagement. J'avoue que malgré mon excitation Elisa était difficile à satisfaire (quelle femme ne l'est pas !), mais j'ai mes trucs et dans ces joutes c'est toujours moi qui ai le dernier mot — même si ma partenaire a beaucoup de conversation. Oui, je crois qu'aux aurores j'avais réussi à la satisfaire pleinement. Alors elle se laissa aller au repos. Avant d'éteindre la lampe, je voulus me rassasier du beau spectacle de la sérénité qui l'envahissait de nouveau. Elle s'endormit ; ses yeux ne restèrent pas fermés très longtemps : soudain ils s'effacèrent. J'ai poussé un cri afin de me réveiller car je devais être en plein rêve, et je pus voir aussitôt ses yeux qui me regardaient fixement. J'ai fait un cauchemar, je crois, lui dis-je pour m'excuser, et je l'enlaçai en lui souhaitant une bonne nuit. Mais c'est à peine si je pus fermer l'œil.

Avant l'aube, Elisa se leva et quitta la chambre sur la pointe des pieds. Je me mis debout et l'épiai à travers les rideaux de la fenêtre. Je la vis se perdre dans l'éclat de la brume sur un sentier jaune qui disparaissait dans les bois. Je décidai de rester éveillé à l'attendre, tout en me disant pour me rassurer que de toute façon il était normal jusqu'à un certain point de se lever avant l'aube pour aller faire une balade ; c'était là, pensai-je, une coutume européenne. Je me suis rappelé que la Française, celle qui m'avait emmené à la Bodeguita del Medio, se levait aux aurores, prenait une douche et revenait toute trempée se jeter sur le lit... Environ une heure plus tard, j'entendis Elisa pousser la porte — moi, je fis semblant de dormir. Elle paraissait à bout de souffle. Elle s'assit à côté de moi, au bord du lit, et éteignit la lumière. À la faveur de l'obscurité, j'entrouvris les yeux. Elle me tournait le dos ; dans l'éclat de l'aube, il y avait une belle femme nue qui d'un moment à l'autre se faufilerait sous mes draps. Ses fesses, son dos, ses épaules, son cou, tout en elle était parfait. Sauf que ce corps était privé de tête.

Dans la mesure où en présence des événements les plus insolites nous recherchons toujours une explication logique, je pensai que cela ne pouvait provenir que des effets du brouillard, si épais dans cette région. Quoi qu'il en soit, mon instinct me souffla qu'il valait mieux la boucler et fermer les yeux. Je sentis qu'Elisa venait se glisser contre moi. Sa main de grande experte me caressa le sexe. Tu dors ? me dit-elle.

Alors, comme au sortir d'un profond sommeil, j'ouvris les yeux. J'avais devant moi son visage serein aux traits parfaits, qui me souriait. J'ai l'impression que sa chevelure était encore plus flamboyante dans ces moments-là. Elle continua ses caresses ; j'étais encore incapable d'oublier mes tourments, cependant nous nous sommes étreints jusqu'à notre complète satisfaction.

J'ai déjà passé trois jours en prison et je ne crois pas qu'il me reste plus de trois autres jours à vivre. Je dois donc me dépêcher. Ce matin je me suis remis à crier que je ne voulais pas être laissé seul. A midi l'administration de la prison m'a envoyé un psychiatre. Je l'ai regardé avec indifférence et j'ai répondu à ses questions d'une voix irritée. Pas seulement parce que je savais qu'il ne ferait rien pour moi puisque je ne suis même pas fou, hélas, mais aussi parce que l'entretien avec toutes ces questions stupides signifiaient une perte de temps ; un temps précieux car trop bref que je dois consacrer à écrire cette histoire et à l'envoyer à un ami pour le cas — improbable au demeurant — où il pourrait tenter quelque chose. J'en doute, mais je m'acharne.

Nous sommes arrivés à New York à neuf heures et demie du matin. Un temps record à vrai dire. Mais Elisa avait insisté pour me faire rouler à toute vitesse car elle devait se trouver avant dix heures du matin, disait-elle, au consulat grec. A un feu rouge sur la 5e Avenue, elle mit brusquement pied à terre et tout en s'éloignant presque au pas de course, elle me dit qu'elle viendrait me voir le lendemain au Wendy's. Elle tint parole. A neuf heures du soir elle se pointa pour me dire qu'elle m'attendrait à la sortie de mon travail, c'est-à-dire à trois heures du matin. Accord conclu. Mais moi, après tout ce que j'avais vu ou cru voir, sans parler du désir (devrais-je écrire de *l'amour* ?) qu'Elisa m'inspirait, je m'étais fixé le but, question de vie ou de mort, de découvrir qui était réellement cette femme.

Sous prétexte d'une forte crise d'estomac, j'ai quitté le Wendy's sans même ôter mon uniforme et, en prenant mes précautions, je lui ai emboîté le pas. A l'angle de Broadway et de la 44e Rue, elle donna un coup de fil, puis elle poursuivit son chemin jusqu'au quartier des théâtres. Dans la 47e Rue, quelqu'un qui manifestement l'attendait, ouvrit la portière d'une limousine où Elisa s'engouffra. Je n'eus que le temps d'apercevoir la main masculine qu'on lui tendait. Il me fut facile de prendre un taxi et de suivre la limousine qui s'arrêta au numéro 172 de la 89e Rue, dans l'East Side. Le chauffeur ouvrit la portière à Elisa et à son compagnon. Le couple pénétra dans l'immeuble résidentiel. Quant à moi, pour me protéger du froid, j'attendis dans une cabine téléphonique. Une heure après, c'est-à-dire à dix heures et demie du soir, Elisa redescendit. Mon expérience me souffla que cette femme venait de se livrer à de longs ébats sexuels des plus satisfaisants. Elle regarda sa montre et prit la direction de Central Park. A la hauteur de la 79e, elle s'approcha d'un banc où était assis un jeune homme qui, de toute évidence, l'attendait. J'ai pensé (j'en suis même certain) que ce jeune homme était la personne à qui Elisa avait téléphoné de Broadway. Le dialogue fut aussi laconique que tout à l'heure au téléphone. Sans plus tergiverser, ils s'enfoncèrent dans les buissons de Central Park. Il ne me fut pas difficile de regarder sans être vu comment ces deux-là s'accouplaient, vite fait bien fait. Les feuilles mortes crissaient sous leurs corps et les halètements mutuels faisaient même fuir les écureuils qui, en poussant de longs cris, grimpaient aux arbres. Cela dura à peu près une heure et demie, puisqu'à minuit trente Elisa se promenait le plus tranquillement du monde dans la zone pornographique de la 42e Rue. Avec un sans-gêne inouï, elle toisait les hommes qui y déambulaient à la recherche d'une femme ou de quelque chose d'approchant. Un peu plus bas, Elisa stoppa devant un colosse noir bien bâti planté à l'entrée d'un peep show. Je n'ai certes pas pu entendre ce qu'ils se disaient, mais apparemment, Elisa alla droit au but : moins de cinq minutes après ils entrèrent dans l'une des cabines du peep show. Ils y restèrent enfermés plus d'une demi-heure. A la sortie, le jeune Noir semblait éreinté mais Elisa, rayonnante. Il était maintenant deux heures du matin et elle écumait toujours le quartier. Quelques instants après, je la vis entrer avec trois Nord-Américains costauds à l'allure de paysans, dans une cabine du peep show appelé le Black Jack. Au bout de quinze minutes, elle ouvrit la porte de la cabine d'où elle ressortit l'air plutôt comblé. Je n'attendis pas pour voir la tête des trois types. Lorsque je vis entrer Elisa (à présent avec un Porto-Ricain qui avait l'allure d'un maquereau) au peep show de la 8e Avenue entre la 43e et 44e Rue, je crus que ma « promise » ne se présenterait certainement pas cette nuit au rendez-vous qu'elle m'avait fixé. Malgré mon expérience, je ne pus me défendre d'une impression de défaite totale : Elisa était la femme dont pour la première fois, j'étais tombé amoureux... Pourtant, quinze minutes avant trois heures, elle sortit du peep show et se dirigea vers le Wendy's, alors moi, oubliant tout pour me retrouver avec elle, j'ai pris mes jambes à mon cou pour aller l'attendre là-bas. Sous le regard étonné de la caissière et des autres employés, je me suis posté comme d'habitude derrière la cloison de verre. Quelques minutes après, Elisa arriva et nous avons regagné ma chambre.

Chose insolite, cette nuit-là au lit elle se montra plus exigeante que d'autres fois, ce qui n'est pas peu dire. Malgré mon habileté et mon désir, j'eus du mal à la satisfaire... J'ai fait semblant de dormir après la bataille, toutefois je n'ai pas fermé l'œil un instant. J'étais encore perplexe après tout ce que j'avais vu. Naturellement, je ne crus pas opportun de lui révéler que je l'avais espionnée ni de me montrer jaloux ; je l'étais pourtant. D'autre part, je ne m'arrogeai pas le droit d'exiger d'elle une fidélité que nous ne nous étions jurée à aucun moment.

Vers neuf heures du matin elle se leva, s'habilla en silence et sortit sans prendre congé car j'avais l'air de dormir. Mais je m'étais mis en tête de la suivre (je m'en repens maintenant), de savoir où elle habitait, de savoir qui était en réalité cette femme... A l'angle de la 43ᵉ Rue et de la 8ᵉ Avenue, elle a pris un taxi. J'en ai pris un autre. Tandis que je la suivais, abruti de sommeil, je me demandais s'il était possible qu'Elisa aille à un autre rendez-vous amoureux. Eh bien non. Après une nuit aussi tumultueuse, Elisa semblait vouloir se calmer en allant admirer des œuvres d'art. C'est du moins ce que je crus en la voyant descendre du taxi et s'engouffrer au Metropolitan Museum, à l'instant même de l'ouverture des portes. Après avoir payé l'entrée, je me précipitai à mon tour dans le bâtiment et grimpai au second étage où elle s'était rendue. Je la vis pénétrer dans l'une des nombreuses salles du musée et là, pratiquement sous mes yeux, disparaître. C'est en vain que je l'ai cherchée des heures dans toute l'immense bâtisse. Pas une salle n'échappa à ma fouille, pas une statue derrière laquelle je n'ai regardé, ni une jarre (elles sont énormes, là-bas) dont je n'ai fait le tour et sur laquelle je ne me sois penché. Pendant un bon moment, je me suis perdu parmi d'innombrables momies et sarcophages millénaires, tandis que j'appelai Elisa à tue-tête. En quittant ce labyrinthe, je suis entré dans un temple de l'époque des Ptolémées (d'après une inscription) [5], situé pour ainsi dire au fond d'une piscine. Je fouillai

5. Il est normal que Ramoncito, si peu habitué à visiter des musées, confonde les genres, les styles et les époques. Le temple dans lequel il est entré ne peut avoir été que celui de Ramsès II, édifié lors du jubilé de ce monarque, sous la 19ᵉ dynastie, exactement 1305 ans avant Jésus-Christ [6]. Il s'agit d'un énorme bloc de granit rouge à l'intérieur duquel peut s'égarer n'importe quelle personne inexpérimentée. *(Note de Daniel Sakuntala.)*

6. Le seul élément de ce temple exposé au Metropolitan Museum était une pierre d'environ deux mètres de haut. Impossible que Ramón Fernández ait pu y pénétrer. En réalité c'est dans le temple du Debot [7] qu'il est entré ; de fait, il est placé au fond d'un lac artificiel pour recréer l'environnement de son lieu d'origine, le Nil. *(Note de Vicente Echurre en 1999.)*

7. Je suis en désaccord avec mon collègue, M. Echurre. Le temple auquel il se réfère existe, mais il se trouve à Madrid. C'est en vain que j'ai tenté de lui rafraîchir la mémoire. De sorte que dans la mesure où logiquement, je suis en désaccord, nous avons décidé que chacun

tout ce bloc de pierre, mais Elisa n'y était pas non plus. Vers trois heures de l'après-midi, je suis revenu dans ma chambre et je me suis écroulé sur mon lit.

A mon réveil, il était deux heures du matin. A toute vitesse, j'enfilai mon uniforme et partis pour le Wendy's. Le chef, qui avait toujours été assez aimable avec moi, me dit que c'était plutôt l'heure de quitter mon travail que d'y arriver. Je crus percevoir comme un regret dans sa voix quand il m'informa qu'à ma prochaine incartade je serais renvoyé. Je promis que cela ne se reproduirait plus et je retournai dans ma chambre. Là, devant la porte, il y avait Elisa qui m'attendait. Je ne fus pas autrement surpris qu'elle ait pu s'introduire dans mon immeuble, pourtant le portail est toujours clos et seuls les locataires en ont la clé. Elle me dit qu'elle était allée à plusieurs reprises au Wendy's et que ne m'y ayant pas trouvé, elle avait décidé de m'attendre dans ma chambre. Nous sommes entrés et soit parce que j'avais dormi de longues heures, soit parce que j'avais l'impression que je ne la reverrais plus, je lui ai fait l'amour avec un enthousiasme redoublé. Oui, cette nuit-là aussi, je crois, c'est moi qui ai remporté la victoire. Mais combien de batailles — me suis-je demandé tristement — n'aura-t-elle pas livrées aujourd'hui avant d'arriver jus-

---

émettrait sa propre opinion, si échevelée que puisse paraître celle de mon associé. La mienne, indiscutable, est la suivante : l'enceinte où entra M. Fernández au Metropolitan Museum était le temple dit de Kantour[8] qui avait appartenu à la reine Cléopâtre; en 1965 l'UNESCO, par l'intermédiaire du président de l'époque John F. Kennedy, l'avait vendu aux États-Unis pour vingt millions de dollars. Par la suite, on a eu la preuve que cette opération n'avait été qu'une escroquerie (parmi tant d'autres) menée de connivence avec M. Kennedy en personne. L'UNESCO avait expédié l'original du temple à son siège en Union soviétique, livrant aux Etats-Unis une maquette en plastique grandeur nature. La forte combustibilité de cette maquette fut à l'origine du grand incendie qui ravagea le Metropolitan Museum. Il semblerait que quelqu'un, par négligence, ait laissé tomber un mégot allumé. *(Note d'Ismaele Lorenzo en 1999.)*

8. Le seul temple égyptien conservé au Metropolitan Museum était celui du Pernabi, 5ᵉ dynastie, 2 400 ans avant notre ère. *(Note des éditeurs en 2025.)*

qu'ici ?... Lorsqu'au lever du jour je revins à la charge, rampant sur son corps nu, je m'aperçus qu'à ce moment-là Elisa était dépourvue de seins. Je m'écartai au bord du lit en me demandant si cette femme n'était pas en train de me rendre fou. Mais, comme si elle avait deviné mon trouble, elle me serra dans ses bras et m'attira sur ses seins qui avaient repris toute leur beauté.

Comme la veille, Elisa se leva à neuf heures du matin, s'habilla promptement et sortit. Sa destination était la même, le Metropolitan Museum. Une fois de plus, elle disparut sous mes yeux.

Jeudi et vendredi elle ne vint pas me voir à mon travail. Samedi je me levai de bonne heure, bien décidé à la retrouver. Je dois avouer qu'indépendamment de tout le mystère qui enrobait sa personne, et qui d'ailleurs me fascinait, j'étais surtout harcelé par le désir de coucher illico avec elle.

Je pris un taxi pour aller au Metropolitan Museum. Pas de doute, pensai-je, Elisa devait avoir un lien avec cet organisme ; j'en vins à me reprocher ma balourdise : comment n'avais-je pas déduit plus tôt qu'il s'agissait d'une employée du musée, raison pour laquelle elle attachait tant d'importance à s'y présenter à dix heures du matin, heure de l'ouverture des portes au public. Mon erreur avait été de la chercher parmi ce public alors qu'elle devait se trouver parmi le personnel des bureaux ou de toute autre dépendance.

Je l'ai cherchée dans tous les coins. Je me suis renseigné au bureau d'information et au service du personnel. Aucune employée n'y figurait sous le nom d'Elisa. Bien sûr, le fait de m'avoir dit s'appeler Elisa ne prouvait pas que tel était son vrai nom, bien au contraire peut-être. Toute personne travaillant dans un endroit aussi riche en objets de valeur (encore qu'ils ne me disent rien, à moi), et menant une vie sexuelle comme la sienne, se devait de prendre des précautions.

J'ai donc essayé de la localiser physiquement parmi toutes les femmes qui travaillaient au musée. Alors que je détaillais une par une toutes les gardiennes de la salle, mon attention fut attirée par une foule de gens de nationalités très diverses (Japonais, Sud-Américains, Indiens, Chinois, Allemands...) entassée devant un tableau que plusieurs employées interdisaient à grands cris de photographier. Peut-être trouverais-je Elisa parmi ces employées, pensai-je, et je me frayai un chemin en fendant la foule. En effet, Elisa était là. Non parmi les personnes qui photographiaient le tableau, ni parmi les employées qui faisaient remarquer qu'il était interdit de le faire, mais à l'intérieur même du tableau devant lequel tout le monde s'agglutinait. Je m'approchai autant que me le permettait un cordon rouge qui servait de barrière entre la toile et le public. Indiscutablement, cette femme aux cheveux raides d'un roux foncé, aux traits parfaits, cette femme dont une main était délicatement posée sur le poignet de l'autre, souriant d'un air presque moqueur sur fond de paysage brumeux où l'on pouvait distinguer un chemin débouchant sur un lac, c'était Elisa... J'ai cru alors que le mystère m'avait été enfin révélé. Elisa était sans doute un modèle célèbre dont le musée avait l'exclusivité. C'est pourquoi elle était si difficile à joindre. En ce moment, qui sait, elle posait pour un autre peintre aussi bon peut-être que celui qui avait exécuté ce portrait parfait.

Avant de demander à l'une des gardiennes de la salle dans quelle section je pourrais rencontrer le modèle de ce tableau que tant de gens voulaient photographier, je me suis penché un peu plus vers la peinture pour l'observer en détail. Sur une petite plaque, près du cadre, on lisait que le tableau avait été terminé en 1505 par un certain Léonard de Vinci. Stupéfait, j'ai reculé pour mieux examiner la toile. Alors mon regard a croisé celui d'Elisa qui, de l'intérieur du tableau, m'observait fixement. Je soutins ce regard et je découvris que les yeux d'Elisa étaient dépourvus de cils car c'étaient des yeux de serpent.

Encore une fois retentit la sonnerie qui annonce aux détenus que c'est l'heure d'aller dormir. Je dois attendre demain pour continuer à travailler sur ce rapport. Je dois me dépêcher, car je ne crois pas qu'il me reste plus de deux jours à vivre.

La femme du tableau avait beau ressembler à Elisa, il était inconcevable que celle-ci eût servi de modèle. J'ai essayé aussitôt de trouver une explication raisonnable à un phénomène pareil. Selon un catalogue que l'on distribuait là à tout le monde, le tableau était estimé à plusieurs millions de dollars (plus de quatre-vingts, était-il spécifié) [9]. La femme du portrait (toujours selon le catalogue) était européenne. Elisa l'était aussi. La femme du portrait pouvait donc avoir un lien de parenté éloigné avec Elisa. Par conséquent, Elisa pouvait être la propriétaire du tableau. Étant donné l'immense valeur du tableau, Elisa pour des raisons de sécurité voyageait avec, et venait l'inspecter tous les matins. Après s'être assurée qu'il ne lui était rien arrivé au cours de la nuit, moment que tous les voleurs mettent à profit pour opérer, elle se retirait dans une section du musée. Maintenant je croyais comprendre le souci qu'elle avait de passer incognito. Il s'agissait d'une multimillionnaire nymphomane qui, pour des raisons évi-

---

[9]. Il est intéressant de constater que si le *New York Times* évaluait le tableau à quelque cent millions de dollars, le catalogue se contentait de quatre-vingts. Nous supposons que derrière tout cela se dissimulait un stratagème du gouvernement des États-Unis afin d'augmenter les taxes prélevées sur les droits d'exposition de cet immense chef-d'œuvre dans le pays. Nous pourrions ajouter que ces soupçons ont été presque absolument confirmés lorsqu'en 1992, à l'ouverture du testament de l'ex-président Ronald Reagan, on eut la preuve que le *New York Times* lui appartenait depuis 1944. La tendance antirépublicaine de ce journal (qui à la suite de ce scandale a dû se saborder), n'était qu'un stratagème pour déjouer les soupçons. *(Note de MM. Lorenzo et Echurre en 1999.)*

dentes, devait maintenir ses relations sexuelles dans l'anonymat.

Je l'admets, je ne fus pas mécontent d'apprendre que j'avais une liaison avec une femme qui possédait tant de millions. Peut-être que si je savais m'y prendre, si je la comblais entièrement (c'était ce que je désirais le plus au monde), Elisa me donnerait un coup de main et plus tard, je pourrais ouvrir mon propre Wendy's. J'en fus si enthousiasmé que j'en oubliais les excentricités d'Elisa et même les imperfections, défauts, anomalies, appelez ça comme vous voudrez, que j'avais cru déceler en elle à certains moments.

Maintenant, il fallait que j'apparaisse sous un jour très complaisant, très désintéressé, en évitant de la gêner par des questions indiscrètes. J'ai acheté un bouquet de roses sur la 5e Avenue — il m'en a coûté quinze dollars — et je me suis préparé à attendre Elisa devant le musée, car si elle y était — ce dont j'étais persuadé — il faudrait bien qu'elle en ressorte tôt ou tard. Mais Elisa ne sortit pas. Avec mon bouquet de roses sous la pluie new-yorkaise, je suis resté en faction jusqu'à dix heures du soir; à cette heure-là, comme c'était vendredi, le musée fermait toutes ses portes [10].

Quand je suis entré au Wendy's, il était onze heures du soir. J'arrivais avec trois heures de retard. On m'a fichu dehors illico. Avant de me retrouver dans la rue, j'ai offert les roses à la caissière.

Après avoir déambulé dans Broadway presque toute la matinée, je suis revenu dans ma chambre passablement déprimé. Elisa m'y attendait. Elle était comme toujours très

---

10. Il devait y avoir une célébration quelconque ce jour-là au musée, car c'est seulement le mercredi qu'il ferme à dix heures du soir. *(Note de Daniel Sakuntala* [11].*)*

11. Le Metropolitan Museum de New York fermait le mercredi et le vendredi à dix heures du soir. Les connaissances de M. Sakuntala sur ce chapitre sont nulles. *(Note de MM. Lorenzo et Echurre en 1999* [12].*)*

12. Avant le grand incendie, le Metropolitan Museum restait ouvert mardi et dimanche jusqu'à dix heures du soir. Espérons que lorsque les réparations seront achevées et qu'il rouvrira ses portes, il gardera le même horaire. *(Note des éditeurs en 2025.)*

élégante et cette fois-ci, elle était munie d'un appareil de photo professionnel, très cher. Je l'ai invitée à entrer et lui ai dit qu'on m'avait licencié. Ne t'en fais pas, me dit-elle, je suis là, tu n'auras aucun problème. En pensant à sa fortune, je n'en doutais pas, et sans plus traîner, je l'ai invitée à coucher avec moi. Car pour un homme qui souhaite entretenir de bonnes relations avec une femme, la première chose à faire, c'est de l'inviter au lit ; même si au début elle n'accepte pas, même si dans certains cas elle n'accepte jamais, elle nous en sera toujours reconnaissante... Curieusement, Elisa n'accepta pas. Elle me dit de me coucher seul, car elle devait méditer (« se concentrer », je m'en souviens maintenant, fut le mot qu'elle utilisa) sur un projet de travail qu'elle allait réaliser le lendemain, dimanche, en fait le jour même où nous étions, car l'aube pointait.

Je me suis dit que j'avais intérêt à obéir à ma future patronne et je suis allé seul au lit mais sans la moindre intention de dormir, bien entendu. En ronflant tout éveillé, je l'ai observée discrètement. Elle est restée plus de deux heures à faire les cent pas dans le studio en parlant un curieux jargon. « Les inventeurs », « les interprètes », ai-je cru l'entendre dire à un moment donné dans un drôle d'espagnol. Ce dont je ne suis pas si certain d'ailleurs, car Elisa parlait de plus en plus rapidement et on avait l'impression que le rythme de ses pas était synchronisé à la vitesse de ses paroles. Pour finir, elle se dépouilla de sa robe superbe et sortit toute nue par la fenêtre vers l'escalier d'incendie. Les bras levés et la tête renversée en arrière, comme pour recevoir une chose fabuleuse qui semblerait devoir tomber du ciel (un ciel de plomb très bas), elle resta ainsi des heures sur le palier, insensible au froid et même à la bruine glacée qui commençait à tomber dru. À une heure de l'après-midi elle rentra et, en « me réveillant », elle me dit qu'elle devait effectuer un travail dans le village de montagne où nous avions séjourné récemment. Il s'agissait, semble-t-il, de photographier quelques sites typiques de la région.

On s'est mis en route et on est arrivés avant le crépuscule. Les rues étaient vides, ou plutôt seulement peuplées de montagnes de feuilles pourpres qui tourbillonnaient dans tous les sens. Nous sommes descendus au même hôtel (ou motel) que la dernière fois, si tranquille, à croire que nous en étions les seuls clients. Avant la tombée de la nuit, nous sommes descendus au village et elle s'est mise à photographier quelques façades encore éclairées. (Je dois certainement figurer sur beaucoup de ces photos car Elisa m'avait demandé de poser.) Nous sommes allés dans ce restaurant qui me rappelait la Bodeguita del Medio. Je m'aperçus qu'Elisa avait un appétit insatiable. Sans rien perdre de son élégance, elle engloutit diverses sortes de pâtes, de viandes, de crèmes, de consommés, de pains et de pâtisseries, sans compter deux bouteilles de vin. Lorsqu'elle eut fini de manger, elle me demanda d'aller faire un tour avec elle dans les environs. En sillonnant ces rues étroites et mal éclairées, après avoir quitté un endroit qui ressemblait à la Bodeguita del Medio, j'eus l'impression de revivre les derniers jours que j'avais passés à La Havane. Mais ce qui offrait le plus de ressemblance avec un voyage de retour pour moi, c'était une sensation de crainte, presque de terreur, émanant de partout et de toutes choses, y compris de nous-mêmes. Il faisait nuit et malgré l'absence de lune une lointaine luminosité se dégageait du ciel. Le brouillard aussi, typique dans la région, enveloppait tous les objets, ainsi que nos propres corps, d'un éclat plombé qui en estompait les contours. Finalement nous avons pris par un remblai jaune qui n'avait jamais dû voir passer la roue d'une automobile. Elisa marchait devant avec tout son attirail. Le chemin, qui devenait de plus en plus étroit, s'enfonçait entre des promontoires aux contours flous en raison de la faible lumière. C'étaient des sortes de rochers verdâtres et pointus. Ou bien ils me firent parfois l'effet de cyprès flétris enlacés par une étrange viscosité. Nous avons quitté le promontoire pour déboucher au bord d'un lac tout aussi verdâtre entouré de la même végétation imprécise. Elisa posa par terre son matériel photographique coûteux, et elle me regarda. Tandis qu'elle me parlait, son visage, ses cheveux et ses mains resplendissaient.

— Il veleno de la conoscenza é una della tante calamitá di cui soffre l'essere umano, dit-elle en me regardant fixement. Il veleno della conoscenza o al meno quello della curiositá [13].

— Je ne comprends pas un traître mot, lui dis-je avec une sincérité absolue.

— Eh bien, je veux que tu me comprennes. Je n'ai jamais tué personne sans lui en expliquer d'abord la cause.

— Qui vas-tu tuer ? lui demandai-je en souriant, en essayant de lui faire comprendre que je ne prenais pas ses allégations au sérieux.

— Écoute-moi, imbécile, me dit-elle en s'éloignant de quelques pas ; moi, feignant encore de ne pas comprendre, j'avais essayé de la prendre dans mes bras. Je sais tout ce que tu as fait. Tes visites au musée, ta persécution incessante. Je suis au courant de toute ton activité policière. D'ailleurs, je n'ai cru à aucun de tes ronflements simulés. Jusqu'ici, bien sûr, ta balourdise et ta lâcheté ne t'ont pas permis de voir les choses en face. Je vais t'y aider. Il n'existe

13. Le pauvre Ramoncito a inclus dans son témoignage la transcription phonétique de ces phrases. Moi, grâce à ma profonde connaissance de la langue italienne (je fus un disciple de Giolio B. Blanc), je les retranscris correctement. Je m'empresse de préciser que c'est la seule correction que j'ai apportée au manuscrit. La traduction en espagnol serait comme suit : « Le venin de la connaissance est l'une des nombreuses calamités dont souffre l'esprit humain. Le venin de la connaissance ou du moins celui de la curiosité » [14]. *(Note de Daniel Sakuntala.)*

14. Bien que la traduction soit correcte, nous doutons que M. Sakuntala ait été l'élève du baron Giolio B. Blanc. Le haut lignage de cette personnalité lui interdisait de se commettre avec des gens comme M. Sakuntala, encore moins d'être leur professeur. Sauf pour des motifs très *strictement personnels* [15]. *(Note de MM. Lorenzo et Échurre.)*

15. Giolio B. Blanc a dirigé durant de longues années la revue *Noticias de Arte* à New York, c'est pourquoi il a certainement connu Daniel Sakuntala, qui lui aussi avait des prétentions littéraires. *(Note des éditeurs en 2025.)*

aucune différence entre le tableau que tu as vu au musée et moi. Nous ne faisons qu'un.

J'avoue que sur le moment, il me fut impossible d'assimiler ce qu'Elisa voulait me dire. Je la priai de répéter « avec les mots les plus simples », en espérant encore que tout cela ne serait qu'une plaisanterie ou l'effet des deux litres de vin qu'elle avait ingurgités.

Enfin, après qu'elle eut répété un certain nombre de fois la même explication, je pus me faire une idée de ce qu'elle voulait dire. La femme du tableau et Elisa étaient une seule et même personne. Tant que le tableau existerait, elle, Elisa, existerait aussi. Mais pour que le tableau existe, il fallait bien sûr qu'elle se trouve dedans. Bref, tant que le musée était ouvert, Elisa se trouvait dans l'obligation de rester « souriante, impassible et radieuse » (me dit-elle ironiquement) à l'intérieur du tableau. Une fois que le musée fermait, elle s'évadait pour vivre les aventures amoureuses auxquelles j'avais participé. « Des aventures avec des hommes, avec les hommes les plus séduisants que je puisse trouver », me dit-elle en me regardant, si bien qu'en dépit du danger qui me menaçait, je ne pus me défendre d'éprouver une certaine vanité... « Mais ces hommes-là, ajouta Elisa, ne se contentent pas de jouir, ils veulent savoir, et ils finissent comme toi, avec une vague idée de mon déséquilibre. Alors la persécution commence. Ils veulent découvrir coûte que coûte qui je suis, ils veulent tout savoir. En définitive, je dois les éliminer... » Alors Elisa se tut un instant, me jeta un nouveau regard furibond, avant de poursuivre : « Oui, j'aime les hommes, énormément, car je suis un homme moi aussi, et de surcroît un savant ! » Cette dernière affirmation, elle la fit en me regardant avec une fureur redoublée, de sorte que me croyant en présence d'une folle dangereuse, je décidai qu'il valait mieux *entrer dans son jeu* (comme nous disions là-bas à La Havane), et en la suppliant de se maîtriser, je lui ai demandé de me décrire ce phénomène du changement de sexe. Après tout — j'essayai de la consoler — New York était plein de travestis qui n'avaient pas l'air si malheureux... Mais, sans plus m'écouter, elle m'expliqua la chose suivante : non seulement Elisa était la femme du tableau, mais encore cette femme n'était autre que le peintre lui-même qui avait fait son autoportrait, en se peignant tel qu'il aurait voulu être (tel qu'il était intérieurement), en femme luxurieuse et fascinante. Mais son triomphe n'était pas dû au fait qu'il s'était peint sous les traits d'une très belle femme. « Cela, me dit-elle avec mépris, presque tous les peintres l'avaient déjà fait. » Sa vraie réussite, c'était que grâce à l'accumulation d'énergie, de génie et de concentration mentale — qualités, affirmat-elle, inconnues dans notre siècle — cette femme peinte jouissait de la faculté de devenir le peintre lui-même et de lui survivre. Donc ce personnage (Elle ? Lui ?) durerait tant que durerait le tableau, et il avait la faculté, quand nul ne l'observait, de sortir de son cadre et de se mêler à la foule. Alors il recherchait la satisfaction sexuelle avec le genre d'hommes que lui, le peintre, en homme d'ailleurs peu favorisé par la nature, n'avait jamais trouvés. *Mais la puissance de concentration à laquelle je dois me soumettre pour obtenir tout cela n'est pas facile à atteindre. Maintenant, au terme de presque cinq cents ans de pratique, il m'arrive de perdre la perfection de ma silhouette, voire l'un de mes membres, comme tu as pu le constater toi-même, éberlué, à maintes reprises, sans en croire tes yeux.*

Bref, j'étais en présence d'un homme âgé de plus de cinq cents ans qui s'était transformé en femme et était d'ailleurs une peinture. Il y avait de quoi mourir de rire, sauf qu'à cet instant précis, Elisa tira de son sein un poignard très ancien, mais aiguisé et étincelant.

J'essayai de la désarmer, sans y parvenir. D'une seule main elle me maîtrisa de telle sorte qu'en un clin d'œil je me suis retrouvé par terre, un poignard devant les yeux. J'étais accroupi, coincé entre les jambes d'Elisa, d'où j'ai identifié le paysage environnant. Il était en tous points semblable à celui qui figure sur le tableau célèbre (pour moi maudit), que j'avais vu au musée. Du coup, j'eus la certitude que quelque chose de sinistre m'entourait, dont je ne pouvais cerner les contours. Elisa — je continuerai à lui donner ce nom jusqu'à la fin de mon rapport — me fit avancer à croupetons jusqu'au bord du lac. Arrivé sur la berge, je m'aperçus qu'il ne s'agissait pas d'un lac mais d'un marécage. Pour sûr, me suis-je dit, c'est ici qu'elle sacrifie ses amants encombrants, qui doivent être légion.

Elisa semblait me placer devant une alternative sinistre : mourir asphyxié dans le marécage, ou bien transpercé par le poignard. À moins que ce ne soient les deux à la fois. Elle me regarda fixement et je compris que ma fin était proche. Je me suis mis à pleurer. Elisa se dévêtit. J'ai continué à pleurer. À ce moment-là, ce n'est pas le souvenir de ma famille à Cuba qui m'est revenu, mais celui de l'immense buffet du Wendy's, débordant de salades. Je revoyais ce buffet, et c'était comme l'image de ma propre vie ces dernières années (fraîche, agréable, entourée de monde et sans complications), jusqu'à l'irruption d'Elisa. À ce moment-là, elle s'allongeait toute nue dans le bourbier.

— Il ne sera pas dit, dit-elle sans à peine remuer les lèvres, que nos adieux ne seront pas amicaux.

Me faisant signe d'approcher, elle continua de sourire à sa manière, lèvres closes.

Je m'approchai, toujours en larmes. Elle passa derrière ma tête la main qui tenait le poignard. Tout aussitôt elle colla son corps nu contre le mien. Elle fit tout cela avec tant de promptitude, de professionnalisme et de violence que je sentis bien qu'il serait très difficile de sortir vivant d'une telle étreinte... Jamais je crois, au cours de ma longue expérience érotique, je n'ai procédé de manière aussi luxurieuse et tendre, aussi expérimentée et passionnée — car à vrai dire, même dans ces moments où elle voulait me tuer, je la désirais. Au troisième orgasme, Elisa, qui ne cessait de haleter tout en prononçant les mots les plus obscènes, oublia non seulement son poignard, mais elle s'oublia elle-même. Je m'aperçus qu'elle commençait à perdre, apparemment, la « concentration et l'énergie » qui, d'après sa propre explication, faisaient d'elle une vraie femme. Ses yeux perdaient de leur éclat, son teint se décolorait, ses pommettes se creusaient. Soudain, elle perdit sa longue chevelure et je me vis dans les bras d'un vieillard chauve, édenté et puant qui en poussant des gémissements me caressait le sexe. Ensuite il s'assit dessus en le chevauchant comme un beau diable. En un tournemain, je le mis à quatre pattes et en dépit de ma répulsion, je me mis en devoir de lui procurer tout le plaisir dont j'étais capable, afin de l'épuiser pour m'enfuir. Comme je n'avais jamais pratiqué la sodomie, je voulus me convaincre de l'illusion impossible que cet épouvantail, ce sac d'os auquel venait de pousser une barbe affreuse, c'était encore Elisa. Tandis que je le possédais, je l'appelais par ce nom. Mais lui, au paroxysme, tourna la tête vers moi et me regarda de ses yeux qui étaient deux orbites rougeâtres.

— Appelle-moi Leonardo, foutre ! Appelle-moi Leonardo ! s'écria-t-il en se contorsionnant et en rugissant de plaisir comme je ne l'avais jamais vu faire avant à un être humain.

Leonardo ! ai-je dit et répété en le possédant. Leonardo ! lui disais-je en pénétrant encore et encore ce promontoire pestilentiel. Leonardo, ai-je murmuré tendrement en sautant sur le poignard ; j'ai donné des coups à l'aveuglette et suis allé me perdre à bride abattue sur le terre-plein jaune. Leonardo ! Leonardo ! criai-je encore au moment de me jeter sur ma motocyclette et de foncer pleins gaz. Leonardo ! Leonardo ! Leonardo ! Terrorisé, je crois avoir répété ce nom tout le long de mon trajet de retour à New York, en guise de conjuration pour calmer ce vieillard luxurieux qui devait être encore en train de se tortiller au bord du marécage peint par lui-même.

J'étais persuadé que ni Leonardo, ni Elisa, ni cette chose-là n'était morte. Encore pire, je crois bien qu'à aucun moment je n'ai réussi à la blesser. Même si je l'avais fait, aurait-il suffi d'un simple coup de poignard pour détruire toute l'horreur qui avait duré plus de cinq cents ans et qui englobait non seulement Elisa mais aussi le marécage, le chemin sablonneux, les rochers, le village au loin, et même la brume sépulcrale qui baignait l'ensemble ?

Cette nuit-là j'ai dormi chez mon ami, l'écrivain cubain Daniel Sakuntala [16]. Je lui ai dit que j'avais des problèmes avec une femme et que je ne voulais pas passer la nuit avec elle dans mon appartement ; je lui ai offert le poignard, un bijou authentique qu'il a su apprécier à sa juste valeur, mais je n'ai pas voulu entrer dans les détails. En quoi cela pouvait-il m'aider, ai-je pensé alors, de lui expliquer mon problème ? Pouvait-il seulement me croire [17] ? Même maintenant, alors que je n'ai plus d'échappatoire, et à deux jours seulement de ma mort certaine, je fais ce bilan, par pur désespoir surtout, comme ultime espérance et parce qu'il ne me reste plus d'alternative. Mais je suis certain, pour le moment du moins, qu'il est très difficile que quelqu'un puisse y croire. Quoi qu'il en soit, avant l'expiration du peu de temps qui me reste, je continue.

Évidemment, il ne me vint pas à l'idée de revenir dans ma chambre ; la seule perspective d'y trouver Elisa m'horrifiait. S'il y avait une chose dont j'étais sûr, c'était qu'elle me recherchait pour me tuer ; comme elle le fait maintenant. Mon propre instinct, ma perception de la peur et de la persécution (n'oubliez pas que j'ai vécu vingt ans à Cuba) me le disent.

---

16. « L'écrivain cubain Daniel Sakuntala » (!). Nous mettons en doute cette assertion inspirée par l'amitié. Même les plus prolixes des dictionnaires ignorent son nom. *(Note de MM. Lorenzo et Echurre en 1999.)*

17. Fatale erreur d'appréciation de la part de mon ami Ramoncito. Moi qui connais à fond — pour les avoir étudiées durant plus de vingt ans — l'Alchimie, l'Astrologie, la Métempsycose et les Sciences Occultes, je l'aurais cru et je l'aurais aidé à conjurer le mal. S'il s'était confié à moi, Ramoncito serait vivant à l'heure qu'il est. Bien entendu, le poignard qu'il m'a offert (en or pur à manche d'ivoire) a disparu de ma chambre. Je suis certain que le Noir dominicain avec lequel Renecito Cifuentes est venu me rendre visite l'autre jour l'a emporté. *(Note de Daniel Sakuntala.)*

Pendant trois bons jours, j'ai erré dans les rues sans savoir que faire et bien sûr, sans pouvoir fermer l'œil. Mercredi soir, je me suis encore pointé chez Daniel. J'étais tremblant, pas seulement de peur, mais aussi de fièvre. J'avais dû choper une grippe, ou pire que ça, pendant ces journées passées sous les intempéries.

Daniel se comporta en ami véritable, le seul peut-être, je crois, sur lequel je pouvais et je peux encore compter. Il m'a donné à manger, il m'a servi un thé bien chaud et m'a fait prendre de force des cachets d'aspirine et même un sirop [18]. Après tant de nuits blanches, j'ai fini par m'endormir. J'ai rêvé d'Elisa, bien sûr. Dans un coin de la chambre, ses yeux froids me regardaient. Soudain, le coin se transforma en cet étrange paysage aux promontoires de rochers verdâtres autour d'un marécage. Au bord du marécage, Elisa m'attendait. Ses yeux braqués dans mes yeux, ses mains élégamment croisées sous sa poitrine. Elle me contemplait avec une impassible perversité et son regard m'intimait l'ordre de venir à elle et de l'étreindre, en avançant jusqu'à la rive marécageuse. J'arrivai en rampant. Elle posa ses mains sur ma tête et m'attira contre son ventre. Tandis que je la possédais, je m'apercevais que ce n'était même plus un vieillard que je pénétrais, mais une masse de boue. L'énorme masse fétide m'absorba peu à peu en s'étalant avec de lourds clapotis de plus en plus pestilentiels. J'ai poussé des cris pendant que la chose visqueuse m'avalait, mais ils s'étouffaient en gargouillements. J'ai senti que ma peau et mes os étaient sucés par la vase et finalement, réduit moi-même en boue dans toute cette masse, je suis tombé dans l'immense bourbier que formait le marécage.

Mes propres cris m'ont réveillé si brutalement que j'ai eu le temps de surprendre Daniel en train de me sucer le membre. L'air de ne pas y toucher, il s'écarta au bord du lit en faisant semblant de dormir, mais moi j'ai compris que je ne pourrais pas rester non plus chez lui. Je me suis levé, j'ai

---

18. Le « sirop » que je lui ai fait boire n'était autre que du Riopan, un calmant gastrique pour stopper la diarrhée. *(Note de Daniel Sakuntala.)*

fait du café, j'ai remercié Daniel d'avoir eu l'amabilité de me laisser dormir dans son appartement — je lui ai emprunté vingt dollars — et je suis sorti [19].

C'était un jeudi. J'avais décidé de quitter New York avant le lundi suivant. Mais où aller avec vingt dollars en poche ? J'ai été voir quelques connaissances (dont Reinaldo García Ramos), je leur ai offert la clé de ma chambre pour qu'ils héritent de tous mes biens en échange d'un peu d'argent. Tout le monde m'a donné toutes sortes d'excuses, mais pas un centime. Dimanche, très tôt, je suis allé au Wendy's où les plus beaux jours de ma vie en tant que *security* étaient déjà écoulés. Près de la caisse enregistreuse se tenait la fille noire si bien roulée qui avait eu pour moi tant de bontés (dans tous les sens du terme). Elle m'a laissé consommer gratuitement une portion de salade, un litre de lait et un hamburger. Vers cinq heures du matin, l'établissement se vida tout à fait ; moi je somnolais sur une chaise. Une employée qui faisait le ménage au deuxième étage appela la caissière pour lui raconter des potins. Pendant qu'elles causaient, j'ai profité de l'occasion pour faire main basse sur tout l'argent de la caisse. Sans même le compter, je me suis sauvé à toutes jambes vers la Grande Gare Centrale. Je

19. C'est par pure honnêteté intellectuelle que je garde ce passage tel quel d'après le manuscrit de mon ami Ramoncito. Je souhaite que le texte soit publié intégralement. Mais les manœuvres lascives auxquelles il se réfère ne sauraient être que le produit de sa nervosité et du cauchemar qui le tourmentait alors. Il est vrai que cette nuit-là nous avons dormi dans le même lit, car je n'en ai pas d'autre. Je l'ai entendu crier, et pour l'arracher à son délire, je l'ai secoué à plusieurs reprises ; si bien qu'au moment où il s'est réveillé, il était logique que mes mains soient posées sur son corps. *(Note de Daniel Sakuntala* [20]*.)*

20. À notre avis, Ramón Fernández a été l'objet de manœuvres lascives de la part de M. Sakuntala, selon ses propres affirmations. La moralité de ce personnage, qui a disparu tout nu au bord du lac Érié [21], en pleine orgie multitudinaire, le confirme. *(Note de MM. Lorenzo et Echurre en 1999.)*

21. Nous avons déjà dit que Daniel Sakuntala a disparu sur la rive du lac Ontario. C'est là que l'on a retrouvé ses vêtements. Quant à la soi-disant orgie, il s'agit d'une donnée non confirmée. *(Note des éditeurs en 2025.)*

voulais monter dans un train pour filer le plus loin possible. Mais les trains de grandes lignes ne partaient pas avant neuf heures du matin. En attendant, je me suis assis sur un banc et j'ai compté l'argent. J'avais mille deux cents dollars. Je me suis cru sauvé. À huit heures du matin la Gare Centrale était une fourmilière humaine — ou plutôt inhumaine — où grouillaient des milliers de personnes qui se bousculaient sans pitié pour arriver à temps à leur travail. Mais je me suis dit qu'à neuf heures du matin, je serais assis dans un train, fuyant tous ces gens-là et surtout cette chose-là.

Il n'en fut rien. Je faisais déjà la queue pour prendre mon billet quand j'aperçus Elisa. Elle se tenait sous la grosse horloge de la Gare Terminale, indifférente à la foule, et elle me regardait fixement avec son habituel sourire énigmatique et ses mains jointes. Je l'ai vue venir au-devant de moi, alors j'ai pris mes jambes à mon cou en direction des quais. Mais n'ayant pas de billet, on ne m'a pas laissé passer. J'ai retraversé tout le hall, en bousculant les gens pour essayer de trouver un coin pour me cacher. Mais elle surgissait de partout. Je me souviens qu'en traversant à la vitesse de l'éclair le restaurant Oyster Bar, je me suis cogné à un serveur et j'ai renversé une table pleine de langoustes que de nombreux clients s'apprêtaient à déguster. Je suis sorti par la porte du fond ; Elisa m'y attendait. J'ai compris (ou senti) que je ne pouvais rester une seule minute avec cette « femme », et que plus il y aurait de monde autour de moi, moins elle aurait la possibilité de me tuer ou de me traîner jusqu'à son marécage. J'ai crié au secours en anglais et en espagnol, en la désignant. Mais la foule pressée, cette meute, me côtoyait sans me voir. Un fou de plus qui crie dans la gare de chemin de fer la plus populeuse du monde, cela ne pouvait inquiéter personne. Par-dessus le marché, mes habits étaient sales et j'avais une barbe de huit jours. Quant à la femme que j'accusais de tentative d'agression, c'était une vraie dame, sereine, élégante, impeccablement maquillée et vêtue. J'ai compris qu'il ne me servirait à rien de crier, alors je me suis précipité en plein milieu du hall, là où ça grouillait de monde, et je me suis déshabillé à toute vitesse. Complètement nu, j'ai fait des cabrioles au milieu de la foule. Là, c'est sûr, je dépassais les bornes du permis, même pour un fou en plein cœur de New York. Plusieurs coups de sifflet ont retenti. La police est arrivée et on m'a arrêté. J'ai éprouvé une impression de paix (pour la première fois depuis des jours) quand on m'a passé les menottes et qu'on m'a embarqué brutalement dans le panier à salade.

Mais je n'ai passé qu'une seule nuit au poste. Il n'y avait pas de preuves pour m'emprisonner comme délinquant de droit commun ou autre, et si j'étais fou — je cite les mots de l'officier de garde — « ce n'est pas du ressort de la police new-yorkaise, heureusement, car sinon il lui faudrait arrêter presque tout le monde ». En outre, l'argent s'était volatilisé entre les mains des policiers qui m'avaient arrêté, pendant qu'ils fouillaient dans mes vêtements. Aucune charge ne pesait donc contre moi. Naturellement, je m'étais accusé, entre autres délits, de vol, ce qui après tout était la vérité, et j'avais mentionné l'argent que j'avais subtilisé. Seulement la police ne trouva pas trace sur ses ordinateurs d'une dénonciation de la part de la direction du Wendy's, et personne n'avait signalé la disparition de cet argent [22].

Mardi j'étais de nouveau en train d'arpenter les rues de Manhattan sous un crachin et un vent insupportables ; sans un sou, et sans parapluie évidemment. Il était onze heures du matin. Je savais que le Metropolitan Museum resterait ouvert jusqu'à sept heures du soir, ça fait que je ne courais aucun risque, au moins momentanément. Elle se trouvait à l'intérieur du tableau, souriant à tous ses admirateurs. Alors

---

22. Apparemment, sans le savoir, Ramón Fernández avait une femme qui l'aimait sincèrement. Il s'agit de la caissière du Wendy's. D'après mes recherches, elle avait remboursé sur son propre salaire, petit à petit, le « détournement » (appelons-le comme ça) qui s'était produit sous sa responsabilité, sans jamais révéler l'identité du voleur. À l'évidence, cette femme était l'une des personnes, à part moi, à qui Ramoncito, s'il n'avait pas été aussi méfiant et orgueilleux, aurait pu demander secours. *(Note de Daniel Sakuntala.)*

(je me souviens que je traversais la 42ᵉ Rue), j'ai eu une sorte d'illumination. Une idée vraiment salvatrice. Comment n'y avais-je pas songé plus tôt ? Je me suis reproché ma stupidité, insolite chez un homme qui ne s'estimait pas totalement crétin. Le tableau ! Le tableau, bien sûr ! C'est là-dedans qu'elle était, avec le marécage, les rochers, le terre-plein jaune... Tout ce que le peintre avait conçu, y compris lui-même, était maintenant au musée, remplissant sa fonction d'œuvre d'art, à la merci de quiconque oserait la détruire.

J'allai dans ma chambre, j'attrapai le marteau dont je me servais parfois durant mes loisirs pour des travaux de menuiserie [23], je le dissimulai sous ma veste et je fonçai au Metropolitan Museum. Un autre problème m'attendait : je n'avais pas d'argent pour payer l'entrée. Certes je pouvais m'y introduire de force, mais je ne voulais pas être arrêté avant d'avoir accompli ma tâche. Enfin, un visiteur qui sortait du bâtiment accepta de m'offrir le badge prouvant que l'on a payé son entrée. Je l'agrafai au revers de ma veste et pénétrai dans l'édifice. J'ai grimpé les deux étages quatre à quatre et je suis entré dans la salle la plus fréquentée du musée. Elle était là, captive dans son tableau, souriant à la foule. J'ai bousculé cette foule imbécile, et je me suis jeté sur elle en brandissant mon marteau. J'allais enfin venir à bout de ce monstre qui avait démoli tant d'hommes et qui d'un moment à l'autre allait me démolir aussi. Mais alors là, au moment précis où j'allais asséner le coup de marteau sur Elisa, l'une de ses mains se sépara de l'autre et, à une vitesse inouïe (tandis que son visage demeurait impassible), elle appuya sur la sonnette d'alarme placée à côté d'elle en dehors du tableau. Aussitôt, une lame d'acier tomba du plafond et recouvrit toute la

---

23. Il est vrai que Ramoncito s'y connaissait en menuiserie. Une fois, il m'a même fabriqué de très jolies étagères. En fait, le marteau n'était pas à lui mais à moi. Je le lui avais prêté quelques mois auparavant quand, avec l'aide de Miguel Correa, il avait installé l'air conditionné dans son studio. *(Note de Daniel Sakuntala.)*

toile[24]. Alors, marteau en main, je fus capturé par le personnel de sécurité du musée, par la police qui surgit aussitôt, et même par la foule fanatique qui était venue adorer le tableau. Cette foule qui à la Gare Centrale n'avait pas levé le petit doigt pour moi quand j'avais appelé au secours car j'étais en danger de mort, était celle qui maintenant, furieuse, me fourguait dans le panier à salade.

Aujourd'hui vendredi, après quatre jours de détention, j'arrive au terme de mon récit, que je tenterai de faire passer à Daniel le plus rapidement possible. J'y parviendrai peut-être. Subitement, je suis devenu un personnage célèbre, et il y a ici deux ou trois policiers qui en quelque sorte m'admirent parce que je suis un cas étrange qu'ils ne peuvent s'expliquer : je n'avais pas essayé de voler un tableau estimé à plusieurs millions de dollars, mais de le

24. Ce système de protection est le plus efficace connu à ce jour. La sonnette d'alarme déclenche simultanément la chute d'une lame métallique le long du mur où est accrochée la toile en péril. Son installation est extrêmement coûteuse. Il n'y a dans le monde que trois œuvres, bien sûr magistrales, qui en bénéficient. Ces chefs-d'œuvre, selon les renseignements qu'a obtenus mon ami administrateur, M. Kokó Salás[25] sont : *La Joconde* de Léonard de Vinci ; le *Guernica* de Pablo Picasso et *L'Enterrement du comte d'Orgaz*, de Domenico Theotocopoulos dit el Greco. *(Note de Daniel Sakuntala.)*

25. Qualifier Kokó Salás d' « administrateur » a été une grossière erreur de la part de Daniel Sakuntala. Il s'agit en réalité d'un délinquant de droit commun spécialisé dans le trafic illicite d'œuvres d'art à Madrid, sous la protection du gouvernement de La Havane. *(Note de MM. Lorenzo et Echurre en 1999[26].)*

26. Définir Kokó Salás comme un vulgaire délinquant, c'est sous-estimer sa personnalité et son importance historique. Kokó Salás (nous ne saurons jamais si c'était un homme ou une femme) fut une personne cultivée d'un grand talent qui s'adonnait à l'espionnage international au service du Kremlin. Sous les ordres du général capitulard Victorio Garratti, il a intrigué et conspiré sans trêve pour obtenir l'annexion de l'Italie et de la Grèce (en 2011) à l'Union soviétique. Pour plus ample informé, cf. *La Matahari* (sic) *de Holguín*, écrit par Teodoro Tapia. *(Note des éditeurs en 2025.)*

détruire. L'un de ces policiers (dont je tairai le nom), m'a promis de faire sortir mon manuscrit et de le remettre à mon ami Daniel. Si ce témoignage arrive à temps entre ses mains, j'ignore ce qu'il pourra faire, mais je suis certain qu'il fera quelque chose. Peut-être qu'une personne influente le lira ; peut-être qu'on le prendra au sérieux et qu'on m'accordera une escorte personnelle, une surveillance permanente et efficace. Comprenez-moi bien, je ne veux pas quitter ma cellule, ce que je veux, c'est qu'Elisa ne puisse y entrer. La chose idéale serait que l'on installe ici la même lame d'acier qui la protège, elle. Mais cela devrait être fait avant lundi. C'est le jour de fermeture du musée et alors, libre comme l'air, elle aura largement le temps d'accumuler toute l'énergie et l'astuce nécessaires pour arriver jusqu'ici et me démolir. Aidez-moi, je vous en prie ! Sinon, je serai bientôt l'une de ses innombrables victimes qui gisent, enfouies dans le marécage verdâtre figurant derrière le tableau d'où elle exerce sa surveillance avec ses yeux sans cils, et son sourire.

Troisième Voyage
VOYAGE À LA HAVANE

> Je ne trouve qu'un monceau de pierres sans vie et un souvenir vivant!
>
> Comtesse de MERLIN, La Havane.

Santa Fe, La Havane, 3 novembre 1994

Cher Ismaël,

Bien que je sois restée très longtemps sans nouvelles de toi, et que sans doute tu ne recevras jamais cette lettre, je t'écris pour te dire que notre fils, Ismaëlito, vient d'avoir vingt-trois ans et qu'il ne cesse de demander après toi. Moi aussi, je me demande ce que tu deviens, comment tu vis, si tu te souviens encore de nous, de moi. Tu sais, oui, tu dois savoir ce qui se passe ici. Maintenant beaucoup de Cubains de par là-bas reviennent en visite. Je ne te demande pas d'en faire autant, mais si tu te décidais, tu sais que tu peux rester ici tout le temps que tu voudras. Je crois que pour un fils, il est toujours nécessaire de voir son père, ne serait-ce qu'une seule fois dans sa vie. Moi aussi j'aimerais te voir. Je ne me suis pas remariée mais ne crains rien, cela n'arrivera jamais. Viens en ami. Ici, personne ne se souvient de toi sauf, bien entendu, ton fils et moi.

Elvia.

P-S. Si jamais tu te décidais (je sais que tu te décideras), Ismaëlito a dressé une liste d'affaires qu'il voudrait que tu lui apportes, si tu peux. Tu sais bien, tous les jeunes de son âge aimeraient avoir une paire de chaussures et des vêtements de sortie. Pour le cas où tu l'aurais oublié, ça a fait quinze ans hier que tu es parti.

Il neigeait si fort que de la fenêtre toute la ville disparaissait progressivement, enveloppée dans cette rafale de blancheur. Parfois, la neige ne tombait pas mais au contraire s'élevait soudain en tourbillons silencieux. Depuis plusieurs heures il neigeait ainsi comme s'il était descendu du ciel un froid sans âge pour s'incruster définitivement dans le paysage. De sa fenêtre Ismaël pouvait voir, quand la tempête le lui permettait, tous les toits d'une blancheur immaculée; les rues blanches avec les voitures en stationnement qui déjà disparaissaient dans la blancheur. La 9e Avenue n'était plus une artère commerçante et latine, mais un fleuve gelé et pacifique, immobile comme l'Hudson qui, en contrebas, était aussi une immense esplanade blanche d'où s'élevait le New Jersey, une simple cordillère blanche... Naturellement se disait Ismaël, si au lieu d'habiter dans cet appartement vétuste du West Side (un cinquième étage sans ascenseur), il vivait dans un gratte-ciel élégant de l'East Side ou bien du côté de la 5e Avenue ou de Central Park, le panorama qu'il aurait sous les yeux serait encore plus impressionnant. Mais au moins, se dit-il, la blancheur est pareille pour tout le monde, ne serait-ce que durant la tempête, avant que les gens et les voitures n'aient transformé tout cela en un bourbier glacé tout grisâtre... Une fois de plus, le spectacle de la neige le fascinait et l'intriguait : comment donner le nom de « tempête » à une chose qui tombait avec une telle douceur majestueuse? Comment d'ailleurs dire *tomber* alors que cela flottait, se posait ou même s'élevait? On ne pouvait pas dire non plus que cela tombait de façon torrentielle, car plus épaisse était la neige, plus universelle la sensation de sérénité. Une averse, une grêle par exemple pouvaient bien être fortes, torrentielles, violentes. Mais comment qualifier de *torrentiel* ce qui descendait avec une telle douceur et surtout dans un tel silence. Le silence, ce silence universel (et il se trouvait dans la ville la plus populeuse du monde) qui régnait durant les chutes de neige, c'était ce qui le fascinait le plus. Mais n'y avait-il pas une théorie pour expliquer ce phénomène ? Si, bien sûr. Mais la différence était énorme entre cette théorie et les effets d'un tel silence... Voici que revenait le tourbillon (mais n'avons-nous pas déjà dit qu'il ne s'agissait pas à proprement parler d'un tourbillon ?) inondant entièrement l'air et le ciel. Ismaël colla son nez et ses yeux à la fenêtre et sentit, malgré le froid qui transperçait la vitre, quelque chose de chaud et de doux, de lointain et d'unique (d'éphémère par conséquent), qui d'une certaine façon le compensait de tout le reste ; alors, tandis que cela montait et descendait doucement en effleurant la vitre contre laquelle Ismaël demeurait en extase, cette chose lui disait : tu as triomphé, tu as triomphé, c'est-à-dire, tu n'as pas encore péri, car s'il est une prouesse héroïque qui mérite l'attention, c'est d'avoir survécu un jour de plus... Alors Ismaël se souvint, il sentit, il repensa à son chaud pays trente ans auparavant, à lui là-bas, essayant comme toujours de ne pas périr. Oh, que c'était difficile là-bas d'observer toutes les règles de la survie : surtout quand on est jeune, débordant de désir et de rêve... De désir et de rêve alors que là où l'on vit, le fait de sortir dans la rue avec un pantalon de marque étrangère est en soi un délit ; du désir et du rêve d'obtenir ce pantalon, chose d'ailleurs quasiment impossible... Et il était là, à moins de trente ans, cherchant précisément à prouver qu'il admirait ce qu'il haïssait, qu'il haïssait ce qu'il désirait véritablement, et entre autres désirs, les plus décisifs, ceux qu'il ne pourrait jamais avouer là-bas : tous ces beaux gosses qui malgré tant de lois promulguées pour les anéantir, proliféraient de toutes parts, si présents, si irrésistibles. *Quel geste, quelle expression d'indifférence, de mépris ou de camaraderie insouciante faire devant eux pour que l'homme qui me surveille, s'avouant vaincu, n'aille pas consigner sur son carnet : « pédé »...* Il savait bien que c'est seulement en s'accouplant avec l'un de ces jeunes corps virils qu'il pourrait apaiser sa fièvre ; mais sa volonté, plus forte encore que sa tragédie ou que son bonheur éventuel, lui permit de se contrôler devant les gestes suggestifs et même les propositions ouvertes, terriblement dangereuses, que les plus audacieux, ou bien les policiers œuvrant comme agents provocateurs, en vinrent à lui faire. Mais il ne suffisait pas d'éviter tout lien suspect avec un jeune garçon susceptible de le compromettre, encore fallait-il réaffirmer sa conduite dans la pratique, face à l'opinion publique ; donner l'exemple. C'est ainsi qu'Ismaël devint le *fiancé* (le mot même lui paraissait ridicule) d'Elvia et quelques mois après, l'*époux* (mot qui lui était carrément insupportable) de cette femme qui semblait l'idolâtrer. Quelle solitude au moment même où on le croyait en parfaite compagnie, quel besoin d'amour quand tout le monde, à commencer par son épouse, se figurait qu'il jouissait de l'amour absolu, *quel effort prodigué sans en avoir l'air pour l'étreindre et la posséder de façon virile, pour la satisfaire, en simulant ma jouissance, sans qu'elle puisse même soupçonner à quel point j'avais besoin moi aussi d'un corps comme celui qu'elle étreignait...* Mais les choses n'étaient pas encore entièrement réglées — cependant Ismaël avait un petit emploi de bureau — et pour beaucoup de gens, la femme qui était chef du personnel, par exemple, l'administrateur, par exemple ; pour la plupart des gens, pensait-il, je suis encore, je peux être encore un suspect : ils peuvent croire, se disait-il, que cette noce en robe longue, avec gâteau, photographie et toute la famille réunie, n'a été qu'un écran de fumée, une combine, un mariage arrangé : en réalité, je n'étais pas celui que je feignais d'être. Ainsi, pour sauvegarder les apparences, il eut un fils. Pendant deux ans, la famille mena une vie apparemment paisible. Ismaël finit par éprouver une véritable affection envers Elvia. Quant à elle, elle l'adorait sans esbroufe. Ismaël, peut-être en guise de consolation, pensait qu'il en était de même pour tout le monde : se dominer, se refréner, ne jamais aller jusqu'à violer le règlement, une complicité jamais manifeste ; ne pas se précipiter, ne pas exister, en sachant toujours que sinon, nous n'aurions pas d'échappatoire ; un jeu, un jeu, un jeu atroce mais indispensable, car s'il est une chose que la vie ne pardonne pas, c'est bien que nous la vivions. Dans cet état de désespoir où le désespoir lui-même sombre, où on l'oublie, sous la pression de toutes les tâches quotidiennes (enfant, travail, files d'attente, tour de garde), la solitude, le désir, la pulsion d'être caressé par quelqu'un de semblable à lui furent peu à peu presque oubliés à leur tour, *ou bien ils ont expiré lentement devant le nouveau téléviseur que notre entreprise nous autorise à acheter, devant l'appartement que l'on nous a finalement autorisés à occuper, au bord de la mer, là où s'était déroulée toute ma jeunesse,* devant l'anniversaire d'Ismaëlito ou la possibilité lointaine d'obtenir l'autorisation d'acheter une automobile plus tard... Mais un jour, Elvia voulut rendre visite à sa famille en province; elle éprouva le désir de montrer Ismaëlito à tous les siens (l'enfant était très beau), elle éprouva le désir, sans l'avoir jamais su peut-être, d'être seule, ailleurs, et elle s'en alla chez ses parents pour une semaine. Le premier jour, Ismaël resta enfermé à la maison sans savoir que faire. Ce n'était plus le jeune homme solitaire errant sur les plages de Marianao, qui surprenait une conversation au passage, qui jetait des regards furtifs sur un corps, mais sans contact avec qui que ce soit, sans se laisser découvrir par les autres. Tant bien que mal, il se prépara quelque chose à manger, puis il alla se coucher. Il se réveilla de bon matin en ne sachant plus si quelqu'un d'autre que lui habitait là; puis il réalisa qu'il n'était plus, pour lui du moins, ce jeune homme avec sa petite chambre et son immense solitude, pour lui du moins. En regardant l'appartement si coquettement aménagé par Elvia : meubles, coussins, plantes, le tout obtenu au prix de tant d'efforts (il y avait un rideau fabriqué avec des boîtes d'allumettes vides), Ismaël éprouva de la peine, non pas pour lui — cela, c'était habituel — mais pour elle, pour Elvia; toute sa vie, se dit-il, elle la consacre à quelqu'un qui n'existe pas, elle vit pour quelqu'un qui n'est pas, elle aime quelqu'un qui n'est pas, elle sert d'épouse, de femme, de mère à une ombre. Non seulement il eut pitié d'elle et de lui-même, bien sûr, *mais je me suis senti méprisable et lâche pour l'avoir fait participer à une telle farce* qu'il ne savait plus maintenant comment esquiver. Mais après tout, se dit-il, n'est-elle pas heureuse avec moi peut-être, et ne lui suis-je pas fidèle, très fidèle à tous égards ? Elle ne s'est jamais plainte, d'ailleurs je ne lui en ai pas donné l'occasion. Je suis, se dit-il sans pouvoir s'empêcher de sourire, un mari idéal. Alors il sortit dans la rue, c'est-à-dire dans ces ruelles ensoleillées pleines de sable, bordées de maisons de bois derrière lesquelles grondait la mer. A un coin de rue se tenait un jeune homme, un de ces nombreux garçons que l'on dirait surgis de la mer, absorbé dans son indolence, s'offrant sans s'offrir, l'appelant sans dire un mot. Viens, viens, viens ici tout de suite... *Oui, je sais que d'autres pourront dire qu'ils ont senti la même chose ou quelque chose de similaire, mais ce que j'ai senti moi était précisément unique, car c'était mon sentiment. Et il me soufflait que ce garçon m'attendait, que la façon qu'il avait de sourire sur mon passage, de se tenir un peu plus droit sur ses jambes, de s'adosser au mur du coin ; tout cela était dédié — offert —, depuis des siècles peut-être, à moi exclusivement ; cet instant, pour de multiples raisons, dont l'absence d'Elvia et du petit, dont la rue elle-même qui s'était subitement vidée, cet instant-là était le mien, instant unique qui peut-être m'appartiendrait exclusivement pour toute ma vie. Je sais, je sais, je sais que ce n'est pas comme ça. Mais c'est comme ça...* Ismaël salua le jeune homme ; celui-ci avec une grande désinvolture lui tendit la main en disant qu'il s'appelait Sergio. Ils firent quelques pas sous les arcades de bois. Sergio lui demanda s'il habitait à Santa Fe. Ismaël ne put le nier, allant même jusqu'à désigner la rue où se trouvait son appartement. Sergio demanda alors s'il vivait seul. Oui, je suis seul en ce moment, répondit Ismaël. C'est par ici, ajouta-t-il. Ils montèrent ensemble dans l'appartement. Il n'y eut pas d'autres préambules, ni commentaires ni questions d'aucune sorte. Sergio n'était pas Sergio. C'était comme une apparition, comme une compensation, comme une chose prévue par le temps, par les dieux peut-être, ou du moins par un dieu compatissant, par une divine tantouze, par quelqu'un qui voulait malgré tout, et obtenait, que l'on ne soit pas tout à fait malheureux. En déboutonnant sa chemise, Ismaël sut que ce garçon n'était pas une apparition, mais quelque chose de plus tangible, et d'ineffable en même temps : un corps bien réel, un corps jeune et beau désireux de s'offrir. Ils s'aimèrent sans frein, comme si tous les deux (Sergio aussi) provenaient de chemins tortueux d'abstinence forcée. Enlacés, ils se vautrèrent sur le couvre-lit tricoté par Elvia elle-même, entre les draps amidonnés et repassés aussi par Elvia; ils tombèrent, à nouveau s'étreignirent et se possédèrent entre des râles de plaisir tandis qu'ils cognaient le berceau d'Ismaëlito qui alla rouler contre le miroir reflétant leurs corps nus. Ils restèrent encore un moment, couchés par terre, enlacés. Il ne s'agit pas d'une compensation ou d'un défoulement, pensa Ismaël (sa tête reposait encore sur le ventre du garçon), mais du bonheur, quelque chose qui ne se renouvellera jamais, ce n'est d'ailleurs pas nécessaire ; au contraire, cela ne doit jamais se renouveler pour que le bonheur dure toujours. Lentement, Sergio écarta de son ventre la tête d'Ismaël et encore excité, signe de ses dix-huit ans — à un moment donné, il avait dit que c'était son âge — il se rhabilla, et prenant congé à la hâte, il sortit. Nu, couché par terre entouré de coussins, Ismaël, resté seul dans la chambre conjugale, jouissait de toute la scène qui venait de se dérouler, en jouissait bien plus qu'au moment où elle s'était déroulée. Il ne tarda pas à entendre des coups violents contre la porte. Un instant encore, Ismaël resta allongé par terre, méditatif. Mais les coups redoublaient d'énergie, alors, en se disant que ce pouvait être une voisine qui venait demander un service à Elvia, un sachet de café, une cuillerée de saindoux, il s'entortilla dans le couvre-lit et alla ouvrir. Sergio était devant la porte, flanqué de deux miliciens à brassard, de la présidente du CDR et, un peu en retrait, d'un policier. *Je ne sais combien de temps je suis resté ainsi, allongé par terre, étreignant les coussins faits de la main d'Elvia, à penser, ou plutôt à sentir (car dans ces moments-là on ne pense pas), à sentir : le bonheur, le bonheur, le bonheur véritable, qui grandira au fil du temps quand je l'évoquerai. Non, je ne sais combien de temps je suis resté ainsi,* peut-être seulement le temps nécessaire au garçon pour aller chercher la police, frapper à la porte, désigner Ismaël drapé dans son couvre-lit et dire : c'est lui, le monsieur qui m'a invité chez lui et s'est jeté immédiatement sur ma bite. *Non, je ne sais combien de temps je suis resté ainsi, sans dire un mot, avec ce couvre-lit qui m'enveloppait jusqu'aux chevilles, le garçon en face de moi me désignant d'un geste hargneux,* et derrière lui, la vieille du CDR qui fixait Ismaël en se disant « je m'en doutais, je m'en doutais », et au fond le policier, la main sur son revolver pour le cas improbable où Ismaël essaierait de prendre la fuite. *Combien de temps, combien de temps, combien de temps suis-je resté ainsi ? Toute ma vie, toute ma vie, dès cet instant jusqu'à maintenant, ici, devant la neige, dès cet instant jusqu'à ce que je meure ici et que je pourrisse (ou que je ne pourrisse pas) sous la neige.* De toute manière, cela n'a pas pu durer bien longtemps, car ce garçon, qui habitait dans les parages et venait d'une famille intégrée au système, réitéra son acte d'accusation ; pour couronner le tout, il suffisait de regarder Ismaël à moitié nu, prouvant ainsi son immoralité, et plus loin, le lit en désordre, les draps jetés par terre et même une odeur de sexe, de combat érotique récent qui flottait dans l'air. Tout cela, la présidente du CDR le saisit au vol ; maîtresse de la situation, voire même de l'appartement déjà, elle fonça résolument sur Ismaël... Le scandale fut énorme dans toute la commune de Santa Fe. S'il s'était agi de quelqu'un d'autre, d'une tapette ordinaire, d'un pédé notoire, d'un personnage sans ambiguïté, mais Ismaël, qui était même le chef des cercles d'étude du CDR, un homme qui avait l'air si sérieux, si moral, qui avait tellement l'air d'un homme ; faire ça avec un gosse, un fils de bonne famille qui, de son propre aveu, n'avait que dix-sept ans — un de moins que ce qu'il avait prétendu, Ismaël s'en souvenait, quand ils avaient fait connaissance. Même les folles ordinaires, celles qui payaient le prix de leur authenticité par le camp de concentration ou les travaux les plus pénibles, profitèrent de l'occasion pour se racheter et redorer un peu leur image, en s'avouant incapables de violer (car il était déjà question de viol) un mineur. *Mais tous ces commentaires, je ne pouvais que les imaginer dans la cellule de droit commun où j'étais enfermé au secret. Quand j'y suis arrivé, quand on m'y a enfermé comme le plus redoutable des criminels, j'ai même ressenti une sorte de soulagement, une délivrance : au moins, me suis-je dit, maintenant tout est terminé.* Mais en réalité, pour Ismaël les choses n'étaient pas terminées ; elles ne faisaient que commencer, pourrait-on dire. Vint le jour du procès ; les menottes au poignet, le crâne tondu, il fut présenté devant le Tribunal Provincial de La Havane ; sous bonne escorte, on le fit asseoir au banc des accusés où il pouvait être vu par un public très nombreux ; en réalité presque toute la population de Santa Fe (certains voisins étaient témoins à charge). Parmi le public, au premier rang, se tenaient Elvia et Ismaëlito, qui tous deux le regardaient fixement (même l'enfant âgé de deux ans à peine), non pas avec haine ni mépris, mais avec pitié, avec un profond chagrin. C'était encore plus insupportable... La secrétaire du tribunal lut rapidement les chefs d'accusation, corruption de mineur, tentative de viol sur des personnes en lieu clos ; elle les fit suivre d'une série d'attendus et d'articles qui aggravaient le crime. Quand le plaignant, c'est-à-dire Sergio, fut convoqué, il comparut en tenue très correcte, vêtu de l'uniforme de l'École Secondaire ; même ses cheveux, auparavant en bataille, étaient maintenant pommadés, lui collant au crâne. Ses déclarations furent claires et nettes. Ce monsieur — il désignait Ismaël — l'avait invité chez lui pour lui remettre un livre. Il s'y rendit mais dès son arrivée, l'autre se jeta sur sa braguette. À la question du président du tribunal, solennellement revêtu de sa longue toge, alors, il te l'a sucée, oui ou non ? certains dans le public ne purent se retenir de pouffer. Sergio rougit en disant que non, que l'autre avait bien essayé mais que lui avait réagi en homme et l'avait frappé, alors Ismaël avait essayé à son tour de le battre, de le violer, il y avait eu une vive bagarre, puis il avait filé à toutes jambes pour prévenir la police. Finalement, le président du tribunal dit à Sergio qu'il pouvait se retirer. En quittant la salle, le garçon regarda fixement Ismaël et, à sa manière que le reste de l'assistance ne put remarquer, mais Ismaël si, il lui sourit. L'avocat de la défense prit alors la parole ; c'était un vieil homme à peu près honnête, qui avait été contacté par Elvia dans une étude collective. Il brandit sous les yeux du jury tous les certificats, bons et récompenses glanés par Ismaël au cours de ses nombreuses journées de travail volontaire dans l'agriculture. Cet homme, messieurs, dit-il en haussant la voix, a participé à sept récoltes du peuple, y compris dans une brigade millionnaire en tonnes de canne coupées : son comportement révolutionnaire est irréprochable. Mais ici le procureur l'interrompit : comment pouvait-il qualifier « d'homme révolutionnaire » un personnage accusé par un témoin direct d'un acte contre nature ? Alors le président du tribunal ordonna à l'avocat de la défense de se borner à présenter les preuves des circonstances atténuantes sur ce cas concret. Donc l'avocat affirma que l'accusé ne pouvait être incriminé de viol car, de toute évidence, il n'y en avait pas eu ; pour preuve, il suffisait de se reporter aux propres mots du dénonciateur ; on ne pouvait pas davantage inculper Ismaël de détournement de mineur car ledit détournement n'avait pas été réalisé, en outre — fit l'avocat en brandissant un papier — ce garçon, bien qu'il ait affirmé avoir dix-sept ans, en a dix-huit révolus, et ses accusations ne sont étayées par aucun témoin des faits, c'est pourquoi, dit-il en conclusion, il demandait l'acquittement de l'accusé. Mais le procureur précisa qu'en fonction du code de défense social en vigueur, dans les cas de perversion sexuelle, il suffisait du témoignage de la victime pour provoquer l'arrestation et la mise en accusation ; chaussant ses lunettes, il cita l'article dudit code. Puis il fit comparaître la présidente du CDR et le policier qui avait arrêté Ismaël ; ils déclarèrent que l'accusé avait été surpris nu et que toute la chambre montrait les signes évidents d'une bagarre. (Là, les rires du public parvinrent aux oreilles d'Elvia, d'Ismaëlito, et naturellement de l'accusé.) En conclusion, messieurs, il s'agit d'un flagrant délit de corruption et d'une tentative de viol à laquelle le jeune homme, élève intégré issu d'une famille révolutionnaire, a répondu de manière virile en frappant un bon coup ; la justice elle aussi se doit de frapper ce type d'individu dénué de scrupules et de morale, qui ne respecte même pas sa propre famille, son épouse et son petit enfant. C'est pourquoi je demande un châtiment exemplaire en vertu de la loi et de la morale de notre société révolutionnaire... À la fin il y eut des applaudissements. *Je sais qu'il y eut des applaudissements quand le procureur eut terminé son réquisitoire. On m'ordonna alors de me lever.* On entendit quelques sifflets. Le procès est terminé pour faire place à la sentence, dit le président entre le charivari de ceux qui invectivaient Ismaël, *certains ont tenté de me gifler,* et les regards d'Elvia et d'Ismaëlito. *De là on le conduisit à la prison du Morro et on l'emmena dans une salle où se trouvaient deux cent cinquante prisonniers de droit commun, condamnés pour les délits les plus divers allant de la falsification d'une carte de rationnement jusqu'à la strangulation de leur épouse ou de leur mère.* Les mêmes gardiens sans doute qui avaient escorté Ismaël informèrent les bagnards de la nature de son délit, car à peine fut-il arrivé au dortoir, les détenus les plus délurés l'affublèrent du sobriquet de la vachette, en raison de la maestria avec laquelle il suçait. Le fait est que là, parmi deux cent cinquante hommes qui tous désiraient forniquer, Ismaël évita presque héroïquement tout contact sexuel, qu'il s'y refusa même, au péril de sa vie. Si bien que les prisonniers en vinrent à le prendre pour un fou, en brandissant des arguments massues : si maintenant qu'il est condamné publiquement il refuse de baiser avec des mâles, tandis qu'à l'époque où il était père de famille il le faisait, c'est bien la preuve que ce n'est pas seulement une folle mais aussi un fou, un cinglé. Ayant été catalogué de la sorte, Ismaël, juché sur le dernier châlit de la travée, resta ainsi presque immobile jusqu'à ce qu'on lui communique la sentence : « Trois ans de privation de liberté pour menées lascives sur les personnes. » *Oui, sur les personnes car apparemment on pouvait aussi, c'est certain, être condamné pour pratique de menées lascives sur les animaux et aussi sur les objets...* Un jour, bien qu'Ismaël ne fût jamais allé du côté où l'on recevait les visites (une esplanade clôturée de barbelés située au bout de la prison), un gardien lui demanda de l'accompagner. Sans savoir de quoi il s'agissait, Ismaël le suivit. On l'emmena jusqu'à l'esplanade où se tenaient les prisonniers avec leurs familles. Parmi eux se trouvait Elvia avec un couffin ; elle tenait l'enfant dans ses bras. Le vacarme produit par deux cent cinquante bagnards et presque cinq cents visiteurs se figea. « Voilà la femme de la tantouze », lança quelqu'un. « Ça doit être une drôle de gouine », fit une autre voix. « Et avec son fils encore, quelle immoralité... » Mais ensuite, même ces commentaires cessèrent. Elvia vit son mari le crâne rasé, fagoté dans une salopette bleue ; lâchant son couffin elle le prit dans ses bras. Il est si rêche, ce tissu, dit-elle tout en arrangeant le col de son uniforme — par une chaleur pareille... Elle posa la tête sur les épaules d'Ismaël et pleura, au point d'imbiber ce « tissu si rêche », tandis que l'enfant, peut-être par simple instinct d'imitation, ou bien par frayeur à la vue de tant de monde, se mit aussi à pleurer. Emporte ton couffin, emporte ton gosse, et ne remets plus les pieds ici, lui dit Ismaël encore entre ses bras. Je n'aurais jamais cru que tu viendrais, mais je vais avertir immédiatement l'officier de garde que je n'accepte pas de visite, t'as compris ? Oui, oui, répondit-elle sans le regarder, et dans le silence général elle se dirigea vers la porte ; au moment de sortir elle se retourna et offrit le couffin à l'un des prisonniers. Sur-le-champ, une bruyante euphorie se déchaîna parmi les condamnés. L'heureux possesseur du couffin se mit à distribuer son contenu, il lançait des bonbons, des biscuits, une plaque de gelée de goyave, un paquet de farine de maïs grillé, et même quelques boîtes de lait condensé ; toutes choses que les autres se disputaient à grands cris, puis se relançaient comme dans un étrange jeu de ballon. Ainsi, Ismaël passa inaperçu et avec l'autorisation de l'officier de garde, il retourna à son dortoir. *Le lendemain je suis parti à la queue leu leu je veux dire avec des centaines d'autres bagnards, pour un camp ouvert, c'est-à-dire un camp de travaux forcés.* Non, il n'était pas question de s'avouer vaincu, il s'agissait simplement une fois de plus de survivre ; de résister au travail, au froid, à la chaleur, aux petits matins, aux coups, à la faim, et surtout de résister aux corps splendide, mais réduits en esclavage, des jeunes bagnards (déserteurs de l'armée, ouvriers indisciplinés, étudiants qui avaient fraudé aux examens, tractoristes qui n'avaient pas entretenu correctement leurs machines, ou tout bonnement voyous magnifiques), il s'agissait de les éviter, de ne jamais les regarder, car il savait, il était intimement persuadé, que tout don de soi, jusqu'au plus passionné et au plus sincère, est une malédiction là où précisément l'hypocrisie est la seule voie vers le triomphe, c'est-à-dire la survie. Ils étaient tous là, suants et insinuants, tangibles et lascifs (ils connaissaient certainement l'histoire d'Ismaël) à l'heure du bain collectif, dans les urinoirs, dans le baraquement même : à se caresser les testicules, et les plus téméraires l'invitaient à une promenade dans les buissons, ou à aller fumer une cigarette derrière les toilettes. *Mais maintenant, il est certain que personne ne m'aura avec ce genre d'aventures, car le plus ingénu, le plus amoureux, le plus innocent est toujours le plus mauvais.* En outre, pensait-il, ce monde-là n'est pas le mien, ces gestes obscènes, cette façon vulgaire et évidente de se toucher le sexe, cette confiance autodécernée par le simple fait de savoir que les femmes ne sont pas l'objet de mes préférences sexuelles. Mon monde n'est pas dans cette île damnée, encore moins auprès de ces corps damnés. Mon monde est en dehors de cette île maudite ; et s'il ne me reste que l'enfer, si pour des gens comme moi, seul l'enfer existe, je ne veux pas que cet enfer prenne place ici. Tout d'abord, il me faut partir d'ici. Plus tard, je choisirai, ou bien je m'adapterai au malheur qui me conviendra le mieux. Mais Ismaël savait qu'il n'était pas facile de partir d'un endroit où chacun n'a que cela en tête, au point que la moindre tentative est déjà un délit en soi. *Ce fut une chance : en tant que « rebut de la société » et « apatride » qui souhaitait abandonner la révolution, en tant que « vermine », on m'a expédié, une fois la sentence accomplie, dans une grande exploitation d'agaves au nord de Matanzas, jusqu'à ce que j'obtienne mon autorisation de départ.* Maintenant son problème n'était pas le travail obligatoire si pénible qu'il devait effectuer là-bas (ceux qui ne remplissaient pas les normes voyaient la date de leur départ retardée), mais les deux jours de permission auxquels il avait droit chaque mois : où allait-il aller ? Comme il renonçait presque toujours à ce repos réglementaire, un jour, le chef de la rééducation (le prosélytisme politique allait jusque-là) vint le trouver pour essayer de le convaincre de s'intégrer au « char de la révolution ». Écoutez, lui répondit Ismaël calmement, si j'ai travaillé même les jours de repos, c'est parce que je rêve qu'ils me soient déduits des jours qui me restent à attendre avant de prendre le large. *Il n'en fallut pas plus pour que le rééducateur ne revienne plus m'ennuyer.* Souvent, depuis qu'il était enfant, adolescent, jeune homme, depuis son service militaire, depuis qu'il était un homme intégré au fameux « char de la révolution », un bagnard dans une plantation de canne, depuis qu'il était forçat dans ce champ d'agaves, Ismaël était tombé en extase devant le vol d'un avion qui allait se perdre au-delà des nuages. Souvent, en plein champ, alors qu'il coupait ces feuilles piquantes, lui et tous les autres restaient paralysés, comme hébétés au spectacle de l'aéronef scintillant dans le ciel ; même le fracas des moteurs vibrait comme un chant, comme un appel, comme la preuve qu'il existait encore d'autres lieux où l'on pouvait choisir la forme d'esclavage la plus conforme à ses goûts, où tout ne serait pas un vaste champ d'agaves à récolter. J'y vais, j'y vais, j'y vais, disait l'avion. J'y vais avec des gens qui ont de la chance, vraiment de la chance, bien qu'ils n'emportent que les vêtements qu'ils ont sur le dos, bien que toute leur vie reste derrière eux, mais ils se sont envolés avec moi, ils partent, ils partent, ils n'ont pas succombé, ils n'ont pas succombé, ils n'ont pas succombé car ils recommencent tout... « Allez, vermines, au boulot, sinon je vous raye de la liste des partants », s'écriait alors le chef de brigade qui était aussi un militaire, alors tous s'affairaient à nouveau sur le sillon, mais ils pensaient, tout en guettant du coin de l'œil le chef de brigade : un jour je serai dans cet avion et toi, tu resteras ici, tout en bas, avec tes pousses d'agave... Maintenant Ismaël était dans l'avion, maintenant il avait enfin pris son envol et maintenant il arpentait, encore craintif mais fasciné, les rues de New York. Il est donc vrai qu'il ne pouvait oublier presque rien de ce qu'il avait laissé derrière lui, et surtout pas la peur, et naturellement, la haine dont il ne pouvait se débarrasser. Au début, racontait-il, même deux ans après son arrivée, il faisait toujours le même rêve, ou un enchaînement de rêves qui alternaient et se répétaient nuit après nuit. Mystérieusement, sans savoir pourquoi ni comment, il était de nouveau à Cuba. Bien qu'il l'ait quittée, il ne savait par quelle erreur ou malédiction il s'y retrouvait, seulement maintenant, bien sûr, il ne pouvait plus en repartir et maintenant à nouveau, la police frappait à sa porte pour l'emmener au tribunal puis à la cellule, et ensuite au camp de travail. D'autres fois il rêvait qu'il était à New York (trois ans déjà après son arrivée) mais soudain il se réveillait entouré d'agents de la police secrète cubaine, et avant de pouvoir se redresser sur son lit, ces agents en imperméable, la figure impassible, tiraient leurs armes et l'assassinaient. Il se réveillait trempé de sueur même si la température était descendue au-dessous de zéro, sueur qu'il séchait joyeusement en se disant, ce n'est pas du sang, ce n'est pas du sang. Pendant cette période il s'affilia à diverses organisations politiques. *Pendant cette période, j'assistais à tous les meetings contre le régime de Fidel Castro qui se déroulaient à New York et même à Miami. Je participais à toutes les manifestations de protestation contre le régime et contre ceux qui le soutenaient ici sans avoir à subir ses calamités. En pleine rue, je m'arrêtais pour faire des discours ou pour insulter ces gens imbéciles ou pervers. Il fallait que je fasse quelque chose, il fallait que je fasse quelque chose, je ne pouvais laisser cet enfer arriver jusqu'à moi, jusqu'ici où, désespéré, je m'étais réfugié, arriver jusqu'au seul endroit peut-être où je pouvais encore m'abriter.* Mais au bout de cinq ou six ans (il parlait déjà un anglais usuel suffisant pour la vie courante), Ismaël se retira soudain des activités politiques, non parce qu'il avait cessé de haïr le castrisme, *au contraire, chaque jour, chaque minute, mon mépris pour le régime était plus grand*, mais il en vint à la conclusion que par ces méthodes il ne résoudrait rien. C'était le système démocratique en soi, c'étaient les États-Unis mêmes, en tant que pays libre, qui étaient de fait les meilleurs alliés du crime, simplement parce que pour rester un système démocratique (ou y prétendre), il devait permettre d'une façon ou d'une autre (peu importe laquelle), que les criminels l'envahissent. Le FBI lui-même avait arrêté certains des camarades d'Ismaël qui avaient participé à une « action terroriste », c'est ainsi que l'on appelait ce qui pour lui, pour quiconque avait pu subir la terreur et le crime, était une action de justice, ou de protestation contre l'injustice. *La politique, c'est toujours un jeu répugnant mais ici, en outre, c'est un jeu stupide et suicidaire. Alors suffit*, déclara-t-il pour finir à ses relations dans les milieux politiques de l'exil ; ses relations, car d'ami il n'en avait jamais eu. Enfin, pensait-il, il avait pu se détacher de tout lien avec l'île, et sa décision le mettait en paix avec lui-même. Il était vraiment satisfait de cette séparation qui l'éloignait carrément de tous les Cubains. *Car pouvez-vous croire un instant que Fidel Castro ait surgi par génération spontanée ? C'est tout le contraire : Fidel Castro, la dictature qui règne là-bas, les crimes qui ravagent le pays sont tout simplement la conséquence logique de notre tradition, une tradition liée à la misère, au chantage, au manque de scrupules, à la truanderie, au vol et à la démagogie. S'il n'y a pas à Miami de dictature, c'est tout simplement parce que ce n'est pas une île et que ça se trouve aux États-Unis...* Après de telles prises de position, aucun groupe politique de l'exil n'a plus voulu avoir affaire à Ismaël. Au contraire, dans quelques groupes commençait à circuler le bruit que peut-être (presque sûr) il pouvait bien être un agent double, un provocateur, qui sait... *Mais je me fiche éperdument de tout cela. J'ai mes quinze années de travail quotidien, j'ai les attestations de tous les impôts que j'ai réglés scrupuleusement jour après jour, et surtout j'ai la chose la plus importante, moi qui survis ici en marge de toutes les magouilles, de tous les micmacs, de toute l'agitation qui en définitive, au bout de trente-cinq ans, n'a rien résolu. Pauvres gens, de braves gens en définitive qui d'une certaine manière ont péri, à force de vivre dans une espèce de va-et-vient, ni ici ni là, dans le souvenir et le regret perpétuels de ce qui n'a pas d'existence, mourant à petit feu de nostalgie, sans crever d'un coup, ce qui serait préférable pour eux. Car si l'exil, c'est-à-dire la liberté, nous enseigne quelque chose, c'est que le bonheur ne consiste pas à être heureux, mais à pouvoir choisir nos malheurs...* Quant à lui, il les avait bel et bien choisis. La première promesse qu'il se fit en arrivant à New York, ce fut de ne pas périr ; ensuite, de ne se livrer jamais à personne ; enfin, de trouver la paix. La paix, c'était le vrai centre de sa vie. Ce centre, cette paix tenaient dans un seul mot, un mot magnifique que tout le monde veut chasser mais qui est notre unique salut : la solitude. Ne se livrer à personne d'autre qu'à soi-même, ne vivre pour personne d'autre que pour lui-même et surtout, ne pas tenter d'expulser la solitude, mais la rechercher au contraire, la poursuivre, la garder comme un trésor. *Car ce dont il s'agit ce n'est pas de renoncer à l'amour mais d'en faire abstraction, de comprendre qu'une telle possibilité n'existe pas, puis de jouir de cette connaissance.* Souvent il sortait dans la rue précisément pour promener sa solitude, pour en jouir. En déambulant le long de Broadway ou de la 42e Rue, il ne pouvait s'empêcher d'éprouver une immense pitié envers les êtres aussi solitaires que lui mais avec la différence qu'ils n'avaient pas pu, eux, surmonter leur solitude, et qui traînaient là de ciné porno en ciné porno, en longue caravane désespérée. *Sans parler des clochards, ces solitaires vaincus par la solitude, des solitaires trompés par la solitude, car on n'est jamais seul, ni d'ailleurs en compa-*

gnie, quand on dort dans un parc ou sous un porche. Son angoisse atteignait son comble lorsqu'il se heurtait (chose fréquente) à un drogué ou à un ivrogne à moitié inconscient, qui finissait par s'étaler de tout son long en pleine foule, sur le trottoir bondé, évadé dans un autre monde, mort peut-être, et Ismaël se demandait jusqu'à quel point cette solitude, qui aurait pu être un triomphe pour cette personne, était devenue un poids insupportable qui avait fini par l'écraser. Mais tel n'est pas mon cas, se disait-il, peut-être pour se donner du courage, car moi je connais le sens de la vie, car moi oui j'ai souffert pour de bon, car moi j'ai vu pour de bon le fond de l'horreur, le fond de la détresse, de l'incommunication, de la grande solitude quand on se trouve dans un immense dortoir de prison avec plus de deux cents assassins qui te prennent pour un dépravé immoral et naturellement te méprisent. Moi j'ai vu, moi j'ai vu, moi j'ai vu et souffert pour de bon : comme j'ai survécu, je ne m'en laisserai conter par personne, par personne. *Ils ne savent rien, eux, ils ne savent pas ce qui les attend, ils ne savent pas d'où je viens et je ne peux même pas le leur expliquer, ils ne savent pas ce que j'ai laissé derrière moi et ce qui les guette. Ils ne sont pas préparés. Moi par contre je sais ; cette ville, ce monde ne pourront pas me démolir.* Alors — quinze ans déjà ont passé —, Ismaël revient dans son appartement ; modeste, à vrai dire, mais confortable ; il se fait à dîner, écoute un peu de musique, lit un livre, ensuite si c'est l'hiver (ici pour lui les hivers durent presque toute l'année) il fait soigneusement son lit, se blottit sous la couverture, éteint la lumière et sentant tomber la neige au-dehors, il songe, presque heureux : *Je suis seul, je suis seul, je suis seul...* Mais en ce moment, Ismaël n'est pas seul dans l'obscurité sous son couvre-lit tiède, lumière éteinte, il est debout devant sa fenêtre, à contempler la ville noyée sous la neige ; il ne prend même pas la peine, malgré le côté maniaque de tous les solitaires, de se demander si le mot « noyée » serait propre à décrire une ville inondée par la neige, et encore moins s'il ne serait pas préférable de remplacer « inondée » par « couverte ». Car tout près, sur la table de nuit, se trouve la lettre d'Elvia et il sait, tout en restant collé à la fenêtre dont la vitre est presque entièrement embuée par la vapeur de son souffle, que cette lettre n'en est pas une, mais plutôt une espèce d'insecte étrange et sinistre, un serpent, quelque chose de réellement maléfique qui, échappé de l'enfer avec ses plantations, humiliations et prisons, a survolé la tempête de neige qui était censée le protéger lui, Ismaël, pour venir se poser ici dans sa chambre, dans un but sinistre et probablement mortifère. Ismaël fit quelques pas dans sa chambre en examinant la lettre de loin comme quelqu'un qui regarderait avec inquiétude une bête nuisible susceptible de lui sauter dessus à tout moment. Finalement, comprenant peut-être qu'il ne s'agissait que d'un bout de papier, il le prit et le relut. « Bien que je sois restée très longtemps sans nouvelles de toi. » Les femmes, se dit-il, éprouvent toujours le besoin d'avoir, de posséder, ou alors de se plaindre de ne pas posséder. « Je suis sans nouvelles de toi. » Mais fallait-il donc qu'elle en ait ? Quinze ans n'ont donc pas suffi à Elvia pour lui faire comprendre qu'il était parti de Cuba non seulement pour fuir Fidel Castro, la persécution, les innombrables lois délirantes, tous ses voisins, et ces beaux garçons au cœur de pierre d'une audace inouïe, *mais aussi que je suis parti pour la fuir, elle ? Elle et son doux regard compatissant, triste, elle, trop charitable, trop complice pour pouvoir la tolérer, pour pouvoir la tromper, pour pouvoir me tromper moi-même.* Si encore elle avait été une femme comme presque toutes celles que j'ai connues, pleine d'exigences, défendant son bien, son homme, son époux, son mari, le père de son enfant, son foyer, et si après chaque violation des règles traditionnelles, elle avait poussé les hauts cris, si elle m'avait accablé de son mépris. Mais comment oublier ce triste regard, presque compréhensif (si toutefois quelqu'un peut comprendre la tragédie d'autrui) le jour du procès ? Comment oublier son visage à elle, là dans la salle, entourée de militaires, de juges, militaires eux aussi, et d'un public rendu euphorique par les preuves évidentes contre « le pédé surpris la main dans le sac ». Elle, sur une autre planète, au milieu des cris et des rires, elle le regardait non pas furieuse mais compatissante, lui disant de ses yeux immenses *cela n'a pas d'importance, cela n'a aucune importance*, et l'enfant dans ses bras, qui l'observait avec tant de curiosité qu'Ismaël eut une impression de moquerie, comme si l'enfant aussi savait... Et maintenant, à plus de vingt ans de distance, elle lui rappelait de nouveau cet enfant qu'il avait fui aussi, cet enfant qui aujourd'hui avait l'air d'un acte éloigné et ridicule, étranger à sa vie. Ismaël n'avait avoué à personne, même pas à ses collègues, qu'il était marié, qu'il avait un enfant; ici d'ailleurs, personne ne s'intéressait à sa vie privée, qui en outre n'existait pas. Mais pour sa part, Elvia semblait s'intéresser encore à la vie privée d'Ismaël, il semblait que d'une certaine manière, dont il avait un peu l'intuition sans pouvoir se le formuler, elle l'aimait toujours. « Moi aussi, je me demande ce que tu deviens, comment tu vis, si tu te souviens encore de nous, de moi... » Ismaël pensa, en relisant une fois de plus cette lettre, qu'à travers ce ton, qui faisait un peu chanson populaire, s'exprimait une sincérité, un chagrin même auxquels il ne pouvait, l'aurait-il souhaité, rester étranger. Par ailleurs, cette manière de laisser entendre les souffrances endurées là-bas..., insinuées incidemment, comme en passant, entre les lignes, en tenant compte de la censure et de la complicité de celui qui lirait, ne laissa pas de l'émouvoir. « Tu sais, oui, tu dois savoir, ce qui se passe ici »... *Naturellement que je le sais, naturellement, n'est-ce pas pour cela, par hasard, parce que je le sais et que j'en ai souffert bien avant toi, que je me suis enfui de là-bas ? Mais pourquoi faut-il que tu me le rappelles ? Pourquoi faut-il que tu insistes précisément sur ce que je veux oublier ? Pourquoi m'écrire précisément maintenant, pourquoi revenir maintenant ?* Pourquoi lui redonner maintenant cette vision sinistre (aimée aussi), cette vision qui là-bas était encore une réalité quotidienne, alors que c'est précisément pour fuir cette réalité qu'il avait tout quitté, ou qu'il avait essayé de tout quitter, y compris ses liens affectifs et jusqu'au plaisir morbide d'évoquer l'horreur alors même qu'elle n'est plus qu'un lointain cauchemar incapable de nous atteindre ? Sans parler de l'audace, de la témérité si féminine qu'elle déployait pour l'inviter à revenir, sans y aller par quatre chemins, *comme s'il ne s'était rien passé entre ce monde et moi, comme si dès l'instant où j'ai dû quitter ce monde, le mien, et de ce simple fait, nous n'étions pas entrés en guerre perpétuelle, guerre qui ne prendra fin que quand l'un des deux, ce monde ou moi, aura disparu.* Comment osait-elle à présent (comme s'il ne s'était rien passé, comme s'il n'avait pas été humilié publiquement, comme s'il n'avait pas été persécuté là-bas, offensé, traqué et condamné sans trêve), l'inviter à revenir ne serait-ce qu'en visite ? D'après la mentalité féminine d'Elvia, noble mais un peu bornée, pensait-il, tout est résolu : « Ici, personne ne se souvient de toi. » *Seulement moi je me souviens de tout, seulement moi je me souviens de moi.* Non ! Il n'irait pas ! Il n'irait jamais ! Jamais de la vie ! Ce serait revenir sur les lieux qui nous ont marqués et démolis pour toujours. *Oui, pour toujours. Car une fois que nous avons quitté les lieux où nous avons été enfants, où nous avons été jeunes, où nous avons cru, stupidement, que l'amitié pouvait exister, et même l'amour ; une fois que nous avons quitté ces lieux où nous avons existé, malheureux ou pleins d'illusion naïve, mais où nous avons existé, nous serons une ombre pour toujours, quelque chose qui précisément n'existe que par son inexistence, cette ombre, cette ombre, extirpée (sans recours) de son centre...* Jamais auparavant depuis qu'il avait quitté Cuba, l'idée du retour ne l'avait effleuré, et puis cette lettre, cette maudite lettre lui posait la question. Non seulement elle la lui posait mais encore, sournoisement, elle le mettait au défi d'y aller. Avec cette intelligence innée chez certaines personnes peu instruites, Elvia discutait subtilement, avançait ses arguments : « Je ne te demande pas d'en faire autant, mais si tu te décidais. » Elle savait que demander quelque chose indirectement inspirait davantage de compassion. Surtout, Ismaël tomba de nouveau en arrêt sur cette phrase, sur ces lignes aussi ridicules que dramatiques : « Je crois que pour un fils, il est toujours nécessaire de voir son père, ne serait-ce qu'une seule fois dans sa vie. » Un fils, alors il avait un fils... Il jeta encore une fois la lettre, le terrible animal venimeux et contagieux, et revint à la fenêtre. Toutes les voitures du vaste parking avaient succombé à la blancheur, les toits et les balcons des immeubles avaient également disparu sous la neige qui maintenant s'accumulait sur les escaliers de secours, transformant leurs carcasses rouillées et noircies en sentiers nacrés, cotonneux et brillants qui zigzaguaient comme sur une belle carte postale de Noël. À travers la vitre, Ismaël regardait maintenant comment la neige s'amoncelait jusqu'à former des monticules derrière la fenêtre. Il leva les yeux et crut entendre la chute suave, la descente de blancheur, s'amoncelant sur les trottoirs, sur les arbres dénudés, sur le pavé, sur les lanternes qui commencèrent à s'allumer à mesure que le froid et l'obscurité gagnaient du terrain. Combien de temps avait-il dû lutter contre ce paysage inhospitalier ? Inhospitaliers le climat, la ville, inhospitalier le jargon — l'anglais — qui au début l'avait totalement exclu, et qu'il ne pourrait jamais s'approprier. Combien de jours, combien d'années volés au désespoir, à la solitude et à la fureur, pour se créer une discipline, une méthode logique de vie, une vie indépendante, libre, sans entraves, atteignant son apogée dans cette atmosphère de petite retraite paisible à laquelle il avait fini par prendre goût et que soudain cette courte missive était venue secouer... Il fallait voir avec quelle ruse Elvia s'emparait de sa conscience ; lentement, discrètement, elle avançait ses pions pour bondir enfin sur sa proie, sûre d'elle, ajoutant en post-scriptum : « Si jamais tu te décidais (je sais que tu te décideras). » Jusqu'à quel point cette femme que d'une certaine façon il avait aimée, et surtout qu'il avait fait souffrir, le connaissait-elle pour qu'au bout de quinze ans d'absence et d'une séparation bien plus longue encore, elle ait osé affirmer qu'il allait revenir ? Jusqu'à quel point n'était-elle pas lui-même ? Oui, lui-même, là-bas, se contemplant ici, au prix de tant de peines, souffrant d'une telle cruauté, s'imposant une telle discipline pour ne pas le voir là-bas, pour ne pas se voir une bonne fois, se regardant l'un l'autre, tous les deux seuls et désespérés, *oui, désespérés, malgré tout ce qu'il avait dit précédemment*, brandissant des arguments puissants pour que l'un d'eux (l'Ismaël de là-bas ? l'Ismaël d'ici ?) saute définitivement la barrière et aille à sa rencontre... Mais en aucune façon, sous aucun prétexte, se dit-il encore une fois en regardant la lettre, il ne repartirait là-bas, *je ne dois même pas y songer...* « Ismaëlito a dressé une liste d'affaires qu'il voudrait que tu lui apportes. » À ce degré-là, il ne s'agit plus d'un souhait, mais quasiment d'un ordre. Comme si cela ne suffisait pas, le nom de son fils, Ismaëlito, son propre nom, lui-même ; Ismaëlito, c'est-à-dire Ismaël enfant... Ismaëlito, comme l'appelait sa mère, comme l'appelait toute sa famille au village et naturellement, ses amis d'enfance, *ceux dont je ne me souviens jamais, mais que je ne pourrai jamais oublier*. Alors il se vit non pas dans cette blancheur désolée qui pétrifie jusqu'à l'imagination, mais là-bas, dans la tiédeur d'un paysage resplendissant, au bord de cette mer, au pied de ces arbres qui faisaient partie intégrante de sa propre vie et que la distance embellissait encore. Il se revit, non pas comme il avait réellement vécu ou croyait seulement avoir vécu, esclave, humilié, mal habillé, insatisfait et affamé, mais jeune et enthousiaste, humant avec désinvolture une atmosphère qui ne lui était pas hostile mais complice, mais protectrice ; humer, sentir, jouir de la sensation d'être, de se sentir à sa place, à la seule place où réellement son existence est digne de ce nom. *Car il ne s'agit pas seulement d'un paysage, de la mer, d'un arbre ou d'une rue : en vérité, une fois que nous avons quitté ces lieux où nous avons réellement existé, où nous sommes nés, où nous avons été jeunes et où nous avons vécu, on se quitte soi-même, on cesse pour toujours d'être sans mourir d'un seul coup, ce qui est encore pire... J'irai. Il ne me reste plus d'autre alternative que d'y retourner.* Soudain, toute sa jeunesse, qui ne fut pas à l'époque telle qu'il la percevait maintenant, l'envahit. Il voulut être ce jeune homme solitaire, indépendant, qui nageait dans une mer transparente, *pas comme celle d'ici froide et cendreuse dont on ne voit jamais le fond ;* il voulut sentir la brise de son pays, *non pas ce vent coupant qui nous oblige à nous emmitoufler de fringues des pieds à la tête*, il voulut, juste un instant, juste une fois de plus dans sa vie, *dans ma mort*, se promener dans les rues où il avait été jeune, où il avait été lui-même, *non pas dans ces rues où j'ai toujours été un étranger se frayant un chemin dans la bousculade* ; il voulut non seulement se promener dans les rues de son quartier, celui de là-bas, mais s'arrêter au coin, toucher un mur, le mur de là-bas, toucher un poteau électrique, *précisément celui auquel je m'appuyais parfois pour attendre l'autobus*, voir ces porches, sentir la brise du soir entrer dans ses poumons, comment la nuit lui effleurait la peau, nuit unique des tropiques ; sentir qu'entre lui et le paysage il n'y avait pas d'hostilité, mais au contraire une impression douce et sensuelle de complicité où toutes les barrières sont éliminées ; écouter sa langue, ce rythme inimitable, ce balancement, non pas de l'espagnol mais du cubain, non pas du cubain mais du langage que l'on parle exactement dans son village ; passer inaperçu parmi les autres, regardant cette façon de marcher, ou cette manière de s'arrêter... Se diluer, se diluer en eux pour ne pas périr. Oh, comme le désespoir et même la haine s'étaient refroidis avec le temps, comment n'avait-il pas compris jusqu'ici que pour pouvoir renforcer cette haine, jouir encore plus de sa solitude, s'imposait un retour au paysage aimé (où on l'avait tellement emmerdé) pour le quitter ensuite définitivement... Alors il relut la fin de la lettre d'Elvia. « Tous les jeunes aimeraient avoir une paire de chaussures et des vêtements de sortie »... Oui il irait, il irait, avec des valises bourrées de fringues, il irait leur offrir à eux (ça aussi, ça aussi) la misère de sa générosité, il leur prouverait que c'était lui qui avait eu raison en partant, que c'était lui qui avait triomphé. Alors, la même police qui l'avait méprisé et humilié serait la première à le recevoir aimablement car il ne serait plus maintenant une « vermine », pensez donc, mais le membre honorable d'une communauté en exil, en d'autres termes une personne qui payait en dollars et dont il fallait par conséquent exploiter le sentimentalisme. Oui, il irait, il irait humilier ces policiers et se prouver à lui-même combien il avait eu raison de quitter tout cela, et surtout s'assurer une bonne fois et pour toujours qu'il n'y a pas de retour possible, qu'il n'y en a pas, du moins tant qu'on n'aura pas aboli le temps... En dehors de tout cela, Ismaël éprouvait la curiosité presque morbide de connaître son fils. Son fils. Sa femme. N'était-ce pas à mourir de rire ? N'était-ce pas à hurler ? Cependant, ils étaient restés là-bas à l'attendre, prisonniers, immobilisés dans le temps, à attendre, peut-être dans l'enthousiasme, le miracle (l'aumône) de son retour, attendant qu'il vienne, lui qui avait été en définitive la cause de cette longue attente, le responsable de leur propre existence ; épouse, fils, qu'il avait d'abord utilisés pour survivre et qu'il sut éluder par la suite pour trouver sa condition véritable et en jouir. Va payer maintenant, ne serait-ce qu'avec quelques valises bourrées de fringues, la honte et l'humiliation de toute leur vie. Ainsi pensait, ainsi pensait aussi Ismaël, peut-être injuste envers lui-même, et il pensait aussi, *à quoi bon le nier,* au fracas de la mer se brisant sur les rochers et se désintégrant sur le sable, à l'Étoile Tournante de Coney Island sur les plages de Marianao, aux pins éternellement verts de la 5e Avenue, à une jeune silhouette encore svelte, encore désirée, *moi, moi, moi,* se promenant sous ces arbres, foulant avec délices les feuilles et l'herbe humide... Il irait, il irait, mais il ne leur annoncerait pas son voyage à l'avance, il apparaîtrait, soudain, chargé de paquets, jusqu'en plein cœur de Santa Fe, pour leur faire une surprise... Ismaël retira de la banque les vingt mille dollars qu'il avait économisés en quinze ans de travail. Naturellement, malgré le coût très élevé du voyage (rien que pour le billet il fallait payer plus de mille dollars), Ismaël ne pensait pas dépenser tout son argent, toutefois, il préféra retirer toutes ses économies. Une fois le billet payé et tous les achats effectués, qui se composaient d'appareils électriques et de cinq valises pleines à craquer de vêtements, il lui resta environ quinze mille dollars, mais au lieu de les redéposer, au moins partiellement, sur son compte, il décida de les emmener en espèces à La Havane ; il savait l'existence de boutiques spéciales où les étrangers pouvaient acheter des cadeaux à leurs familles ; naturellement, il n'envisageait tout de même pas de dépenser tout cet argent, il ramènerait le reste à New York, ce qui contribuerait un peu à soulager sa vieillesse déjà proche. Son voyage à Cuba, c'est-à-dire à La Havane, c'est-à-dire à Santa Fe et aux plages de Marianao, qui était l'endroit où il avait passé sa jeunesse, était à bien des égards excitant, pas seulement par les retrouvailles avec ce paysage et avec sa famille mais parce que durant ces quinze années d'exil, Ismaël n'était jamais allé à l'étranger. Ses vingt mille dollars provenaient de quinze années d'économies, de renoncements et de limitations, dans un monde où avec cet argent on pouvait encore obtenir tant de choses, peut-être même un crédit pour devenir propriétaire de son logement... *Mais pour le moment, il s'agit de partir en voyage à La Havane, de distribuer les fringues, de voir ça, de m'en moquer, et de rentrer pour m'installer ici définitivement, acheter si possible une maison, prendre ma retraite, et enfin sans être obsédé par la mémoire, de vivre en paix ce qui me reste à vivre en regardant la neige. Mais pour cela, pour arriver à cela, pour savoir que cela, c'est la meilleure des choses auxquelles je puisse aspirer, je dois aller là-bas.*

Le 23 décembre 1994 (mais qui se souvient d'un fait aussi insignifiant et lointain ?), Ismaël arriva à La Havane. Comme tout Cubain résidant aux États-Unis désireux de visiter son pays, il dut remettre son passeport nord-américain en se soumettant, éventuellement avec des papiers cubains, aux lois sévissant dans l'île. Après ces formalités, Ismaël crut qu'il pourrait se rendre directement chez Elvia. Mais selon les règlements du tourisme cubain — lui précisa sur un ton plutôt militaire le guide qui l'avait pris en charge — Ismaël devait tout d'abord, comme le reste des visiteurs, transiter par l'hôtel qu'on lui avait attribué et y rester au moins une nuit — bien qu'il dût obligatoirement payer la semaine complète qu'il allait passer dans le pays ; le lendemain, il pourrait rendre visite à sa famille. D'ailleurs, la pénurie de transports interdisait pratiquement à Ismaël de se rendre directement à destination. L'Entreprise, comme disait le guide, ne pouvait le conduire qu'à l'hôtel. Ismaël arriva avec tous les visiteurs (environ cent vingt personnes) et le guide à l'hôtel Triton, bâtiment situé au bord de la mer, justement dans le quartier de Miramar, près des plages de Marianao. Après avoir effectué d'autres formalités bureaucratiques, en remplissant d'innombrables formulaires, *je pus enfin monter dans ma chambre et y déposer tous mes bagages pour lesquels j'ai dû payer, à part la douane, une taxe de trois dollars par demi-kilo, y compris les appareils électriques pour lesquels j'ai dû payer aussi je ne sais quelle « prime » pour le droit de les laisser dans le pays...* Ismaël dissimula dans un endroit qui lui parut stratégique (derrière le miroir de la salle de bain) presque tous ses dollars, il referma soigneusement la porte de sa chambre et après en avoir remis la clé au réceptionniste, il sortit dans la rue. Pour les gens qui habitaient à La Havane, ce 23 décembre était sûrement un jour normal, une chaude journée ensoleillée, avec l'avantage que les chaleurs suffocantes étaient déjà passées. Mais pour Ismaël, sortir subitement dans cette clarté, dans la tiédeur de cet après-midi, ce fut comme de retrouver soudain sa jeunesse, comme de se sentir soudain transporté dans un temps magique, suspendu dans l'attente, pour lui exclusivement où, en vagues vivifiantes, quelque chose — cette luminosité, cette splendeur, ce ciel étrangement haut, très bleu — pénétrait par ses pores, par son nez, par ses cheveux, par le bout de ses doigts, et l'incitait à avancer, étranger à toute sensation qui ne fût pas marcher, voir, exister. Il arrivait déjà sur la 5ᵉ Avenue, avec son allée centrale qu'il avait si souvent arpentée : chaque arbre semblait lui faire un signe de complicité mystérieux, le saluant dans un murmure ; même les pelouses, les bancs de l'avenue, le temps, tout, semblait aussi le saluer. Il était déjà devant la plage, cette plage où il avait passé sa jeunesse, les meilleurs moments de sa jeunesse, allongé sur le sable ou nageant au large, en

pensant *si je pouvais partir d'ici, si je pouvais partir d'ici...*
Maintenant il était de retour, maintenant il allait revenir sur cette plage, au bout de quinze ans d'absence. Mais deux soldats lui barrèrent la route pour lui demander ce qu'il voulait. Ismaël leur expliqua qu'il voulait tout simplement descendre sur la plage. Ils lui expliquèrent que ce n'était pas une plage, mais un club social pour les travailleurs, spécifiquement pour les travailleurs de l'armée révolutionnaire. En d'autres termes, il s'agissait d'un club militaire. Ce n'était donc pas la plage publique Patrice-Lumumba ? demanda Ismaël, encore déconcerté. Si, camarade, mais maintenant c'est un club social uniquement réservé aux membres de l'armée. Ismaël faillit arguer qu'il n'était pas cubain ; ou plutôt qu'il n'était pas un Cubain résidant à Cuba mais un touriste. Peut-être le laisserait-on passer alors. Mais peut-être pas après tout, se dit-il, et cela ne fera que compliquer les choses. Quelle idée d'ailleurs d'aller sur une plage occupée seulement par des militaires. Ismaël présenta des excuses pour son erreur. Erreur qui sans doute parut insolite aux soldats, car il y avait plus de vingt ans que cette plage était un club réservé aux seuls officiers de l'armée. On dirait qu'il est tombé de la lune, celui-là, entendit Ismaël de la bouche de l'un des militaires au moment où il s'éloignait ; empruntant la 3e Avenue, il avança en direction de Coney Island, où s'était déroulée aussi une partie de sa jeunesse. Comment était-il possible que par un après-midi aussi beau que celui-ci il n'y eût personne dehors, se dit Ismaël. A New York, par un temps pareil, on ne pourrait même pas faire un pas dans la rue. De plus, les rares personnes qu'il voyait marchaient comme si elles étaient pressées, dans une direction précise, apparemment dans un but déterminé et pratique. Comment était-il possible que personne ne s'arrête pour jouir du beau temps. Le temps, la seule chose qui ait vraiment de l'importance. En observant la scène de plus près, Ismaël se rendit compte que les rares piétons l'observaient du coin de l'œil ; certains avaient une expression de haine ou de ressentiment. En essayant d'aborder une femme pressée qui passait à côté de

lui, elle lui fit : « Moi, je ne discute pas avec la vermine », en pressant encore plus le pas. Ismaël s'arrêta et s'examina. Portait-il un signe quelconque le désignant comme « apatride » ou quelque chose de ce genre ? Pourtant, n'était-il pas entré légalement dans le pays ? N'avait-il pas payé un bon paquet de dollars avec lesquels il aurait pu faire le tour du monde ? Mais tous ne le regardaient pas avec mépris, certains, jeunes pour la plupart, observaient ses vêtements, avec envie. De nouveau, Ismaël s'inspecta. Il était habillé très différemment des gens d'ici. Chaussures, chemise, pantalon, montre, tout était étranger, et pour le différencier encore un peu plus, il y avait son teint, beaucoup plus blanc et plus soigné que celui des personnes qu'il croisait. Il ne s'agissait donc pas d'une haine patriotique imprégnée d'une idéologie hostile, mais plutôt du fait qu'on le jugeait en vainqueur, en intrus, en homme qui avait pu prendre la fuite et revenait maintenant bafouer leurs corps mal habillés et mal nourris, leur jeter à la figure son triomphe, c'est-à-dire le fait de n'être pas mort de faim et de pouvoir s'habiller décemment. *Oui, c'est là que réside mon triomphe, que j'ai bien mérité puisque j'ai eu le courage de filer de ce pays où je ne suis revenu que pour l'oublier définitivement.* Et il y parviendrait ! Il y parviendrait ! se dit-il en se réjouissant presque de voir où il était, devant une rue défoncée, près de bâtiments aux façades délabrées, parmi des gens qui le regardaient avec haine ou envie simplement parce que là où il habitait il travaillait huit heures par jour, ce qui était suffisant pour manger et s'habiller. Il fut soudain pris de panique à l'idée que peut-être, en raison de l'une des nombreuses formalités bureaucratiques en vigueur ici, il ne pourrait plus jamais repartir de cet endroit. Bien pire que la mort, pensa-t-il. Mais non, mais non, se dit-il encore en marchant. Il était citoyen nord-américain, bien qu'il ait dû provisoirement renoncer à sa citoyenneté pour entrer dans l'île ; c'était un homme installé à New York, de plus il avait son billet aller-retour, avec même la date et l'heure du vol, et il avait les dollars, sa fortune, bien cachée à l'hôtel. Oui, oui, mais pourquoi a-t-il fallu que tu apportes toutes tes économies ? Que signifiait cet acte ? Tout en s'interrogeant, Ismaël éprouva une sensation qu'il avait presque oubliée : la sensation de se trouver dans un lieu où la peur était la seule loi, la sensation d'être menacé ; cette menace, impalpable mais imminente, jaillissait des arbres eux-mêmes, se lovait dans l'air, avançait avec lui sur le trottoir vermoulu... De toute façon je ne vais passer que six jours ici, se dit-il pour se donner du courage. Et il poursuivit son chemin vers Coney Island, en longeant la plage. Arrivé là, Ismaël eut une autre surprise désagréable. Les pins presque centenaires autour de la rotonde qui faisait face à Coney Island, formant un bois touffu, avaient disparu. Ils avaient été abattus et à leur place se dressait un monument militaire, tout en ciment et en béton, sans un arbre. Ismaël s'approcha de la masse de béton et put lire sur une plaque qu'il s'agissait d'un monument érigé en hommage aux « pays non alignés et aux combattants internationalistes ». Décidé à ne pas se laisser impressionner par cette carcasse et jouissant du soleil qui, lui, était resté immuable, Ismaël se dirigea finalement à Coney Island ; mais au moment de prendre son ticket, l'employée lui lança de sa cage : « Camarade, l'accès est réservé aux enfants accompagnés de leurs parents. » Devant l'air surpris d'Ismaël, elle ajouta : « C'est la consigne. » Ismaël ne voulut pas discuter de cette « consigne » qui après tout, se dit-il en guise d'encouragement, n'était pas si absurde, et il se contenta de regarder à travers le grillage le parc d'attractions. Il s'aperçut que les appareils fabuleux sur lesquels il était monté étant enfant n'existaient plus ; l'énorme Étoile Tournante avait disparu. La Montagne Russe était (ou on l'avait) détruite ; le Météore, l'Avion de l'Amour, la Chaise Volante, toutes ces machines qui avaient été pour lui des choses magiques et monumentales, étaient des ruines rouillées, envahies de mauvaises herbes, remplacées par de minuscules voitures qui tournaient lentement et où ne pouvait tenir qu'un enfant très jeune. On avait l'impression qu'ici, seuls ceux qui n'avaient pas encore conscience du bonheur pouvaient en profiter ; pour les adolescents et pour les adultes il n'y avait plus aucun paradis, le parc lui-même avait été ratiboisé et le reste était un maquis broussailleux où s'amoncelaient les décombres. Laissant derrière lui le chahut des enfants avec leur foulard rouge autour du cou, qui se disputaient l'une de ces petites voitures, Ismaël se dirigea vers la mer. Il s'agissait de la plage La Concha où il avait passé les meilleurs moments de son adolescence. De toutes celles de Marianao, c'était celle qu'il aimait le mieux, pas seulement parce qu'elle était la seule plage de sable naturel, mais aussi pour les amandiers qui la bordaient, ourlant les vagues d'un vert coquillage. Maintenant, deux hommes habillés en uniformes, apparemment de garçons de café l'interpellèrent. « Pièce d'identité et carte syndicale, camarade. » Ismaël demanda de quelle pièce et de quelle carte il s'agissait, et pourquoi il fallait les montrer. « Ici, c'est le cercle social Braulio Coronaux », expliqua l'un des employés, « exclusivement réservé aux ouvriers du MINSAP et du MICONS en possession d'une carte de sociétaire et membres du syndicat, ce que l'on prouve par le reçu de la cotisation syndicale mensuelle »... Ismaël marcha sur le trottoir qui longeait le Braulio Coronaux, d'où la mer était plus nettement visible maintenant que les amandiers (allez donc savoir pourquoi) avaient également été abattus. Au bout du trottoir se dressait une digue en béton qui pénétrait dans la mer, sans doute pour empêcher tout individu non syndiqué d'aller sur la plage. A quelques mètres de cette muraille il y avait une autre masse identique. Un autre cercle social sans doute, que ne pourraient fréquenter que des gens triés sur le volet. Mais il y avait tout de même entre les deux murailles une zone de galets et un bout de mer, non pas de plage, accessible à condition d'éviter les oursins, on pourrait au moins essayer. C'est ce que fit Ismaël et il put toucher enfin, après plus de vingt ans, les flots de cette mer tant aimée, si éloignée et presque interdite maintenant, *c'est pour elle, oui, pour elle seulement, je dois l'avouer tout de suite*, qu'il avait fait ce voyage. Longtemps, Ismaël resta accroupi devant la mer, contemplant les vagues qui venaient se briser sur les galets vers ses pieds déjà trempés. Le soleil se couchait et le grondement des vagues s'intensifia. Entre ces hautes murailles, il était impossible d'admirer le soleil, comme Ismaël l'aurait souhaité : l'énorme soleil rougeoyait tombant dans la mer (tel qu'il l'avait gardé en mémoire au cours de ces longues années). Derrière lui s'allumèrent les lumières de Coney Island et peu à peu les senteurs de la nuit, ces douces senteurs presque palpables de l'île en cet instant, le réconfortèrent. Sentir ce parfum, entendre déjà crisser les insectes, jouir de la fraîcheur qui l'inondait en se désintégrant à ses pieds : Ismaël ferma les yeux et, toujours accroupi sur les galets, il pensa que ce n'était pas possible, que ce n'était pas possible, que ce n'était pas possible qu'il ait déjà cinquante ans, que ce n'était pas possible qu'il soit là devant ces flots, sur ce rivage, de passage seulement, que ce n'était pas possible que cette mer soit une mer emmurée que l'on pouvait à peine visiter... Ah, si en ouvrant les yeux il pouvait se revoir tel qu'il aurait dû être, comme il devait être, encore adolescent et svelte, foulant de ses pieds nus ces plages sans barrières, sous les arbres de son enfance, sous les arbres de sa jeunesse, testant les diverses températures de l'eau, sautant dans une flaque pour en jaillir tout dégoulinant, s'élançant sur la crête des vagues, nageant sous l'eau pour jaillir, luisant et bronzé, parmi des centaines de baigneurs aussi splendides que lui, courant encore sur les jetées de bois, nageant de plage en plage, pour atteindre par la mer sa propre maison... Non, il ne pouvait pas en être autrement, impossible ! pensa-t-il. Vraiment, il ne pouvait pas en être autrement ? Comment accepter que cette jeunesse, qui fut l'unique beauté de son existence, soit perdue ? Comment accepter que cet endroit où il avait passé sa jeunesse ne soit maintenant qu'une prison ? *Mon Dieu, comment accepter, comment concevoir que par simple sentimentalisme, par lâcheté, par pure nostalgie, je sois revenu dans cette prison ? Dire que je suis ici de passage, et que je dois m'en réjouir, dire que je suis ici chez moi, dans mon pays, dire que ce paysage qui est mon univers, le seul que je reconnaisse comme mien, soit précisément le seul endroit où je ne puisse vivre et où je doive venir en visite comme un étranger...* Brusquement, comme toujours sous les tropiques, ce fut la nuit noire. Le vacarme des insectes diminua, la circulation sur la 5e Avenue devint encore plus fluide, puis les lumières de Coney Island (en fait c'était maintenant le Parc d'Attractions Conrado Benítez) s'éteignirent et presque tous les bruits s'estompèrent, seules les vagues venaient se fracasser en grondant de plus en plus fort, près d'un homme ; accroupi, mains sur le visage comme pour se cacher même de l'obscurité, il pleurait. Pendant un certain temps, Ismaël pleura presque calmement, on aurait même pu dire avec insouciance, oubliant ce qui l'entourait et l'endroit où il se trouvait. Il resta ainsi jusqu'au moment où il sentit que quelqu'un l'observait. Il ôta les mains de son visage et leva les yeux ; il vit une grande ombre à côté de lui. Tout d'abord, dans l'obscurité, Ismaël ne put comprendre qu'il s'agissait d'une personne drapée dans une cape. Immédiatement, Ismaël se mit debout et présenta des excuses. À cette heure de la nuit il est dangereux de marcher sur la côte, dit l'apparition. C'est alors qu'Ismaël vit le jeune homme, habillé de vert olive et drapé dans une cape de même couleur. Il se dit que c'était sûrement un garde-côte, ou quelqu'un qui exerçait une fonction similaire, pourtant, du moins à première vue, il n'était pas armé. Je suis un touriste, fit Ismaël, et je ne connais pas bien les lois de ce pays. De toute façon, j'ai mes papiers sur moi. Ne vous donnez pas cette peine, dit le jeune homme, si vous êtes un touriste, on ne saurait vous accuser d'avoir essayé de quitter le pays. Ismaël observa le jeune homme et crut lire sur son visage une expression moqueuse. Les deux hommes s'éloignèrent de la côte. Ma famille, c'est-à-dire ma femme et mon fils, sont de par ici, expliqua encore Ismaël, ils habitent à Santa Fe. Moi je suis arrivé hier de New York avec une autorisation d'une semaine. Je ne leur ai pas annoncé le jour exact de mon arrivée, mais je leur ai télégraphié pour leur dire que j'allais venir. Je veux leur faire une surprise... Mais d'après les lois de l'immigration, vous devez passer au moins une nuit à l'hôtel avant de rendre visite à votre famille, lui répondit le jeune homme. D'ailleurs, je ne vous recommande pas de vous promener tout seul dans ces parages, surtout pas à une heure aussi avancée. Toute cette zone grouille de délinquants, ils forment de vraies bandes, cela peut être dangereux, surtout pour des personnes comme vous, vos visages et vos vêtements sont si différents. Des bandes de délinquants ? Moi qui pensais que ces choses-là avaient été éliminées de la société, fit Ismaël ironiquement. Vous pensiez de travers, dit le jeune homme. Ils avaient déjà atteint la 1re Avenue. Ismaël lui jeta un nouveau regard en remarquant qu'il s'agissait d'un jeune homme de vingt et quelques années, vraiment séduisant. Les regards des deux hommes se croisèrent. À côté circulaient des camions pleins de soldats. Brusquement, Ismaël lui tendit la main pour lui dire au revoir. Merci de ne pas m'avoir arrêté, dit-il. Bonne nuit. Qui vous a dit que je n'allais pas vous arrêter ? demanda le jeune homme, qui s'immobilisa en plein trottoir, les bras croisés. Ismaël en fit autant et le regarda sans surprise. Je m'y attendais, dit-il. Alors le jeune homme se mit à rire presque aux éclats. Eh bien, vous vous êtes trompé, répondit-il à Ismaël. Ici on a presque tout perdu sauf le sens de l'humour. Je n'ai pas l'intention de vous arrêter. Ce ne serait pas la première fois que tu arrêtes quelqu'un, pensa Ismaël, en répétant : bonne nuit, alors... Je ne vais pas vous arrêter, mais en revanche je vais vous escorter, dit le jeune homme en se rapprochant d'Ismaël. Je vous ai déjà dit qu'il était dangereux de se promener seul dans ce quartier. Ne vous donnez pas cette peine, dit Ismaël. Mais autrement, vous finiriez arrêté par la Patrouille Territoriale ou Urbaine, dit le jeune homme. Merci beaucoup, dit Ismaël, mais d'ici à mon hôtel, c'est assez loin, je peux prendre un taxi. Vous n'y songez pas, un taxi à une heure pareille, d'ailleurs vous êtes au Triton et cet hôtel n'est pas si loin, on peut s'y rendre à pied. Comment savez-vous que je loge dans cet hôtel, demanda Ismaël faussement naïf. C'est le seul hôtel réservé aux membres de la communauté venant de l'étranger, dit le jeune homme, vous y êtes mieux logés. Et mieux surveillés, ajouta Ismaël. Certainement, dit le jeune homme. Par ici — il désignait un sentier étroit entre Coney Island et les terrains vagues, qui les conduisit à la 5e Avenue. Arrivés là, ils traversèrent l'espace où se trouvait autrefois la pinède, et qui longeait le monument de pierre. N'aurez-vous pas de problème en vous éloignant de la côte ? demanda Ismaël. Vos camarades pourraient vous dénoncer... Ne vous en faites pas, c'est moi le responsable de mes camarades. D'ailleurs, je ne suis pas garde-côte. Je fais mon tour de double garde. Qu'est-ce que c'est que ça ? demanda Ismaël franchement intéressé. Presque tous les jours, après le travail ou les études, on a une simple garde, expliqua le jeune homme ; après quoi vient la double garde, c'est ce que je fais en ce moment ; à deux heures du matin, je serai libre. Brusquement, le jeune homme s'arrêta près du bloc formé par la statue ou monument. Qu'est-ce que vous dites de ça ? demanda-t-il à Ismaël. Affreux, répondit celui-ci. La question l'avait pris au dépourvu et il n'avait pu s'empêcher d'être sincère. C'est bien mon avis, dit le jeune homme. Ils continuèrent à marcher. Des camions de soldats circulaient toujours. Certains véhicules étaient recouverts d'une bâche sous laquelle on pouvait imaginer, entrevoir presque, des armes de fort calibre, des canons, des mitrailleuses antiaériennes... On dirait que vous êtes en guerre, fit remarquer Ismaël. Ici, on est toujours en guerre, dit le jeune homme. Contre qui ? demanda Ismaël. Contre le monde entier à peu près, répondit le jeune homme, mais particulièrement contre vous autres. Contre nous ? Mais oui, n'êtes-vous pas par hasard citoyen nord-américain ? Si je ne l'étais pas, je ne serais sûrement pas ici, je n'aurais pas été courir ce risque, affirma Ismaël. Je suis seulement venu voir ma famille, dans une semaine, je repars. En voilà un qui a de la chance, fit le jeune homme, en grommelant quelque chose d'autre, que le bruit des semi-remorques pleines de militaires empêcha Ismaël d'entendre. Qu'avez-vous dit ? Rien, fit le jeune homme, et ils continuèrent à marcher en silence. De temps à autre ils croisaient un soldat en uniforme vert olive auquel le compagnon d'Ismaël adressait un salut militaire. Où sont passés les autres ? demanda Ismaël. Qui ? Les civils, le peuple... Les civils, c'est nous, dit le jeune homme. Les militaires sont ceux des camions. Vous n'avez jamais voyagé à l'étranger ? lui demanda Ismaël. Jamais, répondit le jeune homme. Et ils reprirent leur marche silencieuse. Ils avaient presque atteint l'avenue menant à l'hôtel. Ici je ne cours plus aucun risque, murmura Ismaël. Sait-on jamais, dit le jeune homme, parfois les bandes de délinquants se faufilent jusque dans les chambres. Malgré tant de surveillance ! ironisa Ismaël. Tant de gardiens !... Parfois ce sont les gardiens eux-mêmes qui sont les délinquants, affirma le jeune homme. J'espère que ce ne sera pas le cas tout à l'heure, répondit Ismaël presque sarcastique. Vous avez de la chance, dit le jeune homme. En passant sous les premiers projecteurs qui éclairaient l'esplanade ou le soi-disant jardin de l'hôtel, Ismaël eut la confirmation que ce jeune homme était effectivement un beau spécimen masculin grand, brun, séduisant, malgré son uniforme mal taillé et la cape qui lui descendait jusque sous les genoux... Je ne savais pas qu'il était devenu si dangereux de se promener dans ce pays, j'avais l'intention dès cette nuit de faire une balade dans le centre et dans la Vieille Havane. C'est exclu, fit le jeune homme. Pour commencer, le « centre » que vous imaginez n'en est plus un. Quant à la Vieille Havane, c'est une zone de démolition ou de Patrimoine National, que l'on ne peut visiter sans autorisation ; les quais sont une zone stratégique, et pour y accéder il faut un permis spécial. À part l'hôtel, où puis-je aller ? questionna Ismaël, réellement intéressé. J'ai voulu aussi visiter les plages du coin, et elles sont toutes fermées, du moins pour moi... Ce ne sont plus des plages, répondit le jeune homme, ce sont des cercles sociaux pour les travailleurs. Oui, dit Ismaël, mais comme les travailleurs — il toisa le jeune homme du haut en bas — travaillent jour et nuit, je suppose que les plages sont tout le temps inoccupées... Plus ou moins, dit le jeune homme. Ismaël le regarda à nouveau, et lui dit : Je ne voudrais pas partir d'ici, de mon pays, sans aller sur une plage, sans me baigner dans la mer. Ce n'est plus votre pays, fit le jeune homme. Si ! s'écria Ismaël, catégorique, en affrontant le jeune homme. C'est mon pays... Ce n'est plus votre pays, fit tranquillement le jeune homme. Pourquoi ? demanda Ismaël. Parce que vous voulez qu'il ne le soit pas ? Ce n'est plus votre pays, reprit tranquillement le jeune homme, parce que ce n'est plus un pays. Alors c'est quoi ? demanda Ismaël de plus en plus énervé, en pensant : maintenant il va me déclarer que c'est un empire moral, un territoire libre d'Amérique, un paradis internationaliste... Alors c'est quoi ? Il répéta sa question. Le jeune homme s'approcha encore plus près d'Ismaël, le regarda bien en face et lui dit : De la merde... Un instant, Ismaël ne sut que dire, puis il pensa très vite : ce type me provoque, il me tarabuste, il doit se dire quelle vermine, il va sûrement se trahir, alors je l'embarque, ah, comme si je ne les connaissais pas... Ça, c'est vous qui l'avez dit, dit Ismaël, moi je n'ai pas ouvert la bouche. Vous ne l'avez pas ouverte parce que vous n'osez pas, répondit le jeune homme. Ça aussi c'est vous qui l'avez dit, lui répondit en souriant Ismaël. Bon, ajouta-t-il, nous voici presque devant l'hôtel, vous avez été très aimable de m'accompagner. Je n'ose vous inviter à prendre un verre, bien qu'on vende de la boisson à l'intérieur, je suppose... On vend de la boisson à l'intérieur si toutefois vous la payez en dollars, lui dit le jeune homme, mais je ne peux accepter d'invitation de votre part. Comme vous voyez, je suis de garde. Quoi qu'il en soit, merci beaucoup. Oui, oui, dit Ismaël, je sais bien que vous êtes de garde et que vous jouez votre rôle de policier. Je ne suis pas un policier, répliqua le jeune homme, mal à l'aise. Je fais mon tour de garde, c'est une obligation. Un devoir, bien sûr, ajouta Ismaël. De toute manière, j'aimerais vous offrir quelque chose, je pourrais vous acheter une bouteille de cognac, ou une boîte de café pour votre famille, enfin, je ne sais pas... Il est interdit, l'interrompit le jeune homme, d'accepter les cadeaux d'un étranger, dans le cadre de l'article sur la faiblesse devant la corruption et sur la démoralisation idéologique. Je vois que vous connaissez vos lois sur le bout des doigts, ironisa Ismaël. Tiens donc, si je ne les connaissais pas, je ne serais pas en liberté. Sans doute, dit Ismaël; il garda le silence en se demandant : peut-il s'agir vraiment d'un agent provocateur? Il en a tout l'air, mais il paraît trop intelligent pour l'être. Il poursuivit, bon, je ne peux donc rien faire pour vous, sinon vous remercier. Vous pourriez suivre mes conseils, dit le jeune homme; et il attendit que s'éloigne un groupe de militaires qui sortaient du Triton. Puis il reprit : Allez dans la rue habillé le plus normalement possible, c'est-à-dire avec les pires vêtements que vous ayez apportés, et ne laissez jamais votre passeport dans la chambre. Autre chose, parlez avec peu de gens et surveillez bien vos paroles. Merci, répéta Ismaël en serrant la main du jeune homme, le conseil vient de très bonne source. N'en doutez pas, fit le jeune homme en le regardant fixement. Sur ces entrefaites, ils arrivèrent à l'entrée principale du Triton qui était gardée par plusieurs miliciens portant des armes lourdes. Je suis surpris que vous ne soyez pas armé, dit Ismaël tout bas. Je ne suis pas de ceux-là, répondit le jeune homme sur le même ton. J'espère que ce n'est pas pire, marmonna Ismaël. Sait-on jamais, fit le jeune homme et élevant la voix il s'adressa aux sentinelles : Camarades, le citoyen s'était égaré. C'est un hôte de la communauté. Les miliciens de garde s'interposèrent, et Ismaël se mit à chercher ses papiers. Ce n'est pas nécessaire pour le moment, le coupa le jeune homme; d'ailleurs vous êtes fiché à l'intérieur. J'espère que nous nous reverrons, dit par simple politesse Ismaël en prenant congé. Oui, dit alors tout bas mais avec une sincérité absolue le jeune homme, nous nous reverrons demain. Comment? demanda Ismaël surpris. Après ma sortie du travail je ne suis pas de garde car j'ai effectué tout mon programme de la semaine. Je sors à quatre heures, mais en renonçant à mon heure de déjeuner, je peux sortir à trois heures. À trois heures et quart, je vous attendrai ici même. Je serai en uniforme, mais ne craignez rien, c'est seulement pour vous éviter des problèmes... Mais, objecta Ismaël, je ne vous ai rien demandé tout de même. Vous ne voulez pas visiter le centre, voir la Vieille Havane, aller à la plage? Alors, profitez de l'occasion, ou bien vous resterez sur votre faim. Demain je dois aller voir ma famille, répondit Ismaël. Si vous avez attendu quinze ans, vous pouvez bien attendre un jour de plus, répondit le jeune homme. Comment savez-vous que j'ai attendu quinze ans ? questionna Ismaël fort étonné. C'est vous-même qui me l'avez dit tout à l'heure. Je n'en ai aucun souvenir. Cela prouve seulement votre mauvaise mémoire ; de toute façon vous n'oublierez pas, j'espère, que demain à trois heures et quart je vous attendrai ici même. À demain. Le jeune homme serra la main d'Ismaël, adressa un salut militaire aux miliciens et s'en alla.

Un flic ! Un flic ! se dit Ismaël tout à fait convaincu en entrant dans sa chambre d'hôtel. Un flic, mais au moins il ne s'en cache pas, se répéta-t-il songeur, en concédant même au jeune homme un certain courage ; il en conclut : flic peut-être, mais pas espion, sauf s'il me prend pour un idiot. Car il faudrait que je sois idiot pour critiquer le régime devant un militaire en uniforme. Qu'il n'aille pas se figurer, se dit-il en se déshabillant pour se mettre au lit, que je le verrai demain à trois heures et quart, comme il l'a notifié avec une précision tout officielle. Demain matin de très bonne heure, je vais à Santa Fe, je remets mes cadeaux, je donne un peu d'argent, et je fais le nécessaire pour essayer de repartir avant l'expiration de mon permis. De toute façon, il n'y a pas grand-chose à faire ici. Pour surmonter son désespoir (désespoir dont il ne pouvait préciser la cause), Ismaël essayait de penser à Elvia et à son fils. De quelle manière le recevraient-ils ? N'avaient-ils pas certainement un grand nombre de reproches à lui adresser ? Sans doute n'avait-il jamais été un bon père. Un bon père, quelle blague ! Ni bon ni mauvais, tout simplement il ne sentait pas (il n'admettait pas) sa responsabilité de père. Tout cela n'avait été qu'un coup monté, une chose qui avait été faite, il se l'était expliqué à lui-même des milliers de fois, pour survivre, mais maintenant, plus de vingt ans après, Ismaël rentrait à nouveau dans le jeu : il suffisait de voir les valises pleines à craquer, le matériel électrique, l'argent, tout ce qu'il avait l'intention de remettre à sa famille. *Sa famille.* Il eut presque envie de rire en prononçant ces mots. Mais si je me mets à rire, se dit-il, que vont penser ceux qui là-bas écoutent les enregistrements grâce à l'appareil dissimulé dans un coin stratégique de la chambre ? Alors pour embrouiller sans doute les agents chargés d'interpréter les bruits de toute nature émis dans cette chambre, Ismaël éclata de rire... Puis, dans le silence de sa chambre maintenant dans l'obscurité, Ismaël crut entendre au loin quelques coups de feu suivis du roulement des véhicules militaires sur la 5e Avenue. Mais malgré tout, Ismaël put entendre le grondement de la mer. Il s'endormit à l'aube. Alors sans une minute de trêve, il se mit à marcher sur le mur. C'était naturellement l'un des murs qu'il avait vus sur la plage où il avait pleuré. Mais maintenant c'était par une journée lumineuse se réfractant dans la mer ; cela produisait une clarté terrifiante qui montait jusqu'à noyer le ciel. Que faisait-il juché au faîte de cette très haute muraille, beaucoup plus haute que le mur qu'il avait vu la veille ? Comment avait-il abouti là ? Et surtout comment allait-il pouvoir redescendre de si haut puisqu'au bout du mur il y avait la mer, il y avait des flots bouillonnants, qu'il suffirait de regarder fixement pour être précipité dans l'abîme. Ismaël recula et s'aperçut que le mur, à l'autre extrémité, descendait jusqu'au sol. Mais quand il eut terminé sa descente, derrière la mer, il n'y avait que des étendues de sable aussi infinies que la mer, mais glacées, sans un arbre, ni une maison, ni aucun signe de vie. Dans tout ça, il était bardé de ses nombreuses valises venues s'entasser là qui sait comment, étincelant sur la muraille. Déconcerté, Ismaël regarda de toutes parts et découvrit au bout de l'autre mur, aussi haut que celui sur lequel il se trouvait, Elvia et l'enfant, qui désignaient avec un certain enthousiasme les flots bouillonnants, en lui ordonnant, mais avec jubilation, de s'y jeter. Ismaël crut même qu'ils lui hurlaient quelque chose que la violence du vent et des vagues l'empêchait d'entendre. Femme stupide, elle l'avait entraîné jusque-là, se dit-il furieux, et il lui fit un geste menaçant. Mais apparemment, autant Elvia que l'enfant interprétèrent ce geste comme un salut, ou un signe d'assentiment, alors ils se mirent à applaudir en lui montrant encore les flots. Ismaël transporta tous ses bagages jusqu'à l'autre extrémité de la muraille, là où commençaient les sables; le vent soufflait toujours, mais la température changeait si brutalement que si à un bout du mur il s'était senti brûlé, à l'autre bout il était gelé. Pour comble, ces deux silhouettes, l'enfant et la femme, dans le précipice d'en face, lui faisaient toujours signe de se jeter dans le vide. Tant qu'il put supporter le froid il leur tourna le dos, assis sur les bagages et s'abritant du vent grâce à quelques vêtements qu'il avait tirés d'une valise. Quand il se retourna, Elvia et l'enfant avaient disparu. La muraille d'en face était complètement déserte. Ismaël crut qu'ils étaient tombés à l'eau et il regarda. Il n'y avait plus que l'immense clarté battue par le vent et ce bouillonnement sonore. Ismaël se pencha pour voir s'ils étaient en bas, flottant ou peut-être accrochés à la muraille. Puis, une main en visière pour faire écran, il recula de quelques pas pour regarder vers les sables. C'est alors qu'il tomba dans le vide. Un grand frisson le secoua quand il échoua dans la mer. En sachant que toute action était devenue inutile, il cria encore et encore; et une autre fois, jusqu'à se sentir trempé, étouffant de chaleur sous les draps. Il fut pris d'un sentiment quasi triomphal en comprenant que tout cela n'était qu'un rêve, un cauchemar sans doute, provoqué par l'agitation du voyage. Il se leva. La clarté était là, mais c'était celle des tropiques. La mer aussi était là, il pouvait la voir de sa fenêtre, mais c'était aussi la mer des tropiques, tiède et assez calme malgré la saison. Il s'habilla en vitesse et prit son petit déjeuner au restaurant de l'hôtel; bien qu'il se soit promis d'aller très tôt à Santa Fe, et que le jeune homme lui ait recommandé de ne pas marcher seul en ville (peut-être justement pour cela), Ismaël décida d'aller faire un tour dans la Vieille Havane. En arrivant à la 5e Avenue, Ismaël put constater que la caravane de camions remplis de soldats circulait toujours, plus dense même. Il demanda à quelqu'un qui passait par là, très pressé, où il pourrait prendre une *guagua* (il s'abstint de dire autobus), mais cette personne, une silhouette ficelée dans une salopette verte, le crâne rasé (impossible d'en déduire si c'était un homme ou une femme), lui dit d'un ton sec : La 5e Avenue est réservée uniquement aux véhicules officiels rapides, le transport urbain-collectif se trouve trois rues plus haut... Après plus d'une heure d'attente, Ismaël put monter dans un autobus bondé qui, avec cette nouvelle invasion de passagers, ne put refermer ses portières que lorsque les membres de la Patrouille de Surveillance des Véhicules (selon l'inscription portée sur les brassards qu'ils arboraient) eurent enfourné le tumulte à l'intérieur. Ce qui choqua le plus Ismaël, ce fut la puanteur ambiante. De toute évidence, se dit-il, ces gens-là ignorent les déodorants. D'ailleurs, qui étaient ces types-là ? Étaient-ils vraiment cubains ? Ce n'était pas un problème de race, encore qu'il y eût là bien sûr des gens de diverses nationalités, c'était plutôt une façon de se comporter, de parler, de regarder, tout un ensemble de détails qui communiquaient à Ismaël une impression d'étrangeté, de danger même. Comme le véhicule ne faisait halte nulle part, Ismaël pria le conducteur de le déposer à l'arrêt Galeano-San Rafael. Sa demande suscita des rires inextinguibles et des caquetages dans toute la *guagua*. Galeano-San Rafael ? demanda le conducteur en se moquant de lui. Vous voulez dire Martyrs de Grenade-Trentième Anniversaire. Heureusement, l'autobus s'arrêta là et Ismaël put en descendre. Une petite silhouette s'élança à ses trousses ; Ismaël eut l'impression de l'avoir déjà vue auparavant sans se rappeler où. De toute façon si on me surveille, je n'ai rien à craindre, car tout ce que je demande, c'est de marcher un peu, se dit Ismaël pour se donner du courage. Malgré l'heure — plus de onze heures du matin — il y avait très peu de passants et c'était pour la plupart des personnes en uniforme, surtout des femmes. Il y avait beaucoup de rues barrées par où bien sûr on ne pouvait pas passer. Certes, New York n'était pas une ville stimulante, mais le panorama de La Havane le déprima. Des maisons étayées, des façades démolies, des bâtiments en ruine, des trous bouchés par des boîtes de conserve et des cartons, des flaques d'eau putride, d'énormes tas d'ordures amoncelés à la porte des immeubles, et surtout ces nuages de poussière, cette impression de dégradation générale, car il ne s'agissait pas d'immeubles anciens, de balcons étayés ou de façades rafistolées, il s'agissait d'une moisissure, d'une chose vermoulue qui grimpait, s'étalait et rongeait les murs, ainsi que les rares troncs d'arbres, les feuilles, l'air et jusqu'au visage des gens. En arrivant au Parc Central, une femme Garde-Parc le stoppa net d'un coup de sifflet et il dut changer de direction. L'accès au Parc Central était interdit dans la journée pour raisons de travail, finit-il par lire sur une pancarte clouée sur un tronc d'arbre. Tout près, c'était la Vieille Havane qu'il avait arpentée si souvent dans sa jeunesse, émerveillé par les balcons de fer forgé, les colonnes et les vitraux. En arrivant à Monserrate, une énorme pancarte qui bloquait la rue Obrapía lui prouva que le jeune homme de la veille au soir ne lui avait pas menti : PORT DE LA HAVANE, ZONE STRATÉGIQUE, ENTRÉE INTERDITE. Ismaël se demanda comment, si c'était une zone stratégique, les habitants du quartier pouvaient y pénétrer, mais il préféra ne pas se renseigner là-dessus. En débouchant sur le Prado, une autre grande pancarte, ZONE DE MONUMENTS, PATRIMOINE NATIONAL, signalait qu'il ne pouvait pas davantage avancer de ce côté-là. Cependant, en évitant des cloaques, des monticules de terre et d'autres détritus, Ismaël continua de marcher parallèlement au Prado, en direction du Front de Mer. Partout le surprenaient d'immenses affiches qui annonçaient un événement ou un triomphe politique. Les verbes employés étaient résolument optimistes (nous accosterons, nous réaliserons, nous dépasserons, nous gagnerons, nous vaincrons...) et même les radieuses couleurs vives des affiches contrastaient avec le reste de la ville qui était, aux yeux d'Ismaël, un gigantesque dépotoir. En arrivant au Front de Mer, deux femmes en uniforme, coiffées de casques étincelants, se mirent à siffler. Ismaël ne put s'empêcher de demander pour quelle raison il ne pouvait pas arriver à la murette du Front de Mer de La Havane. Réservé aux véhicules officiels rapides, l'informa l'une des femmes sur un ton sans réplique. Avant de reculer, Ismaël put voir les inévitables camions bourrés de soldats. Il vit aussi au coin d'une rue le même personnage vert qui était descendu de l'autobus. Pour épargner des allées et venues au minuscule bonhomme qui le traquait, et parce qu'il commençait à être effrayé et un peu las, Ismaël décida de rentrer à l'hôtel. Mais où prendre un autobus alors que tous les signaux des arrêts avaient été supprimés ? Quant aux taxis, il n'en avait vu aucun sur tout son parcours. N'y aurait-il pas scandale à se renseigner sur un taxi ? Auprès de qui d'ailleurs ? Mais pourquoi ne pas se renseigner, se dit-il, serait-ce un délit ? Sans plus tergiverser, il s'adressa à son poursuivant et lui lança sur un ton fort aimable : Auriez-vous la bonté de m'indiquer où trouver un taxi ? En finissant de prononcer le mot *taxi*, Ismaël réalisa qu'il avait commis une grave erreur idéologique. Un taxi ? demanda le petit bonhomme qui d'abord fit mine de ne pas comprendre comme si ce mot-là, taxi, l'eût dégoûté. Les taxis n'existent pas ici, monsieur. Vous voulez dire peut-être un transport spécial. Ce que je cherche, c'est un véhicule pour rentrer à l'hôtel, dit Ismaël, je suis un touriste, je loge au Triton. L'individu, qui oublia, semble-t-il, de feindre une sorte de mépris ou de surprise devant le mot touriste, répondit : Vous devez appeler la centrale, services spéciaux, monsieur. Bon, fit Ismaël, mais pourriez-vous m'indiquer où je pourrais trouver un téléphone. Vous devez aller à la centrale téléphonique, au nouveau ministère des Communications, dit le personnage, imperturbable. Soudain, comme si le nouveau ministère des Communications était familier à Ismaël, il prit congé avec un salut presque militaire et il s'éclipsa dans les décombres. Apparemment sa mission s'achevait là. Effectivement, quelques instants plus tard, Ismaël vit une autre silhouette assez semblable à la précédente, qui le suivait de près sur le trottoir d'en face avec une indiscrétion si manifeste qu'il avait plutôt l'air de l'escorter.

Ne sachant où prendre un autobus et aussi pour embêter son poursuivant, Ismaël décida de rentrer à pied au Triton. Quand il arriva à l'hôtel plus mort que vif, le jeune homme qui l'avait accompagné la veille vint à sa rencontre. Je croyais qu'au Nord les gens étaient plus ponctuels, dit-il. Tu arrives avec cinq minutes de retard. Il est presque quatre heures et demie, dit Ismaël. Il est trop tard pour aller à la plage. Toi tu es à l'heure de New York, lui dit le jeune homme. Il est trois heures vingt, mais comme on a avancé l'horaire pour économiser l'électricité, en fait il n'est que deux heures de l'après-midi, il reste à peu près six heures jusqu'au soir. Ismaël pensa récuser l'invitation, alléguant qu'il était fatigué, qu'il était venu à pied de la Vieille Havane, mais soudain il se sentit complètement rétabli, ayant même des envies de plage. En définitive, se dit-il, je peux remettre à demain mon voyage à Santa Fe... J'espère, dit Ismaël au jeune homme, que je ne serai pas obligé d'y aller à pied. Mes camarades, répondit celui-ci, vont nous déposer à l'arrêt de la *guagua* pour Guanabo, tout est organisé. Ismaël se vit soudain entouré d'un groupe de jeunes, la plupart sans uniforme, joyeux (peut-être parce qu'ils avaient terminé leur journée de travail), qui le conduisaient à la plage. Celui qui l'avait invité — et qui depuis tout à l'heure le tutoyait — ce qui ne déplut pas à Ismaël — s'assit à côté de lui, alluma une cigarette, et en offrit une à Ismaël. Merci, je ne fume pas, dit celui-ci en ajoutant : Aujourd'hui je suis allé du côté de la Vieille Havane. Je m'en doutais, dit le jeune homme, je t'ai appelé dans ta chambre et tu n'y étais pas. Comment, mais vous connaissez aussi mon nom et le numéro de ma chambre ? Mais vous avez oublié que vous me les avez donnés hier soir, répondit le jeune homme mal à l'aise, en vouvoyant Ismaël. D'ailleurs, comme je monte la garde dans ce quartier, ils n'ont pas de raison de s'étonner que je demande après vous. Ils ne manqueront pas de croire que je vous surveille, et c'est ton intérêt car ainsi ils ne te colleront pas un autre gardien... On m'en a déjà collé deux ce matin, fit Ismaël. De fait, je n'ai vraiment pas le souvenir de vous avoir dit mon nom, mais du moment que vous le connaissez, je n'ai pas à me présenter. Il sourit. Moi si, dit le jeune homme, je m'appelle Carlos. Il tendit la main et serra vigoureusement celle d'Ismaël. Nous sommes amis, dit Carlos, dès le début je t'ai trouvé sympathique. Merci, dit Ismaël avec une nuance d'ironie que Carlos ne parut pas remarquer, car il poursuivit sur le même ton : Je ne sais pas si tu m'as permis de te tutoyer, mais puisque nous sommes amis, ce *vous* n'a pas de sens. D'ailleurs tu n'es pas un vieillard pour mériter un tel respect. Je pourrais être ton père, dit Ismaël en regardant à travers la vitre la ville dégradée. Mon père ? Alors je suis un nouveau-né, dit Carlos, et il s'écria à l'adresse du groupe de jeunes : Le New-Yorkais fait le mort pour voir quel genre d'enterrement on va lui faire ; il se prend pour un vieillard, mais ne vous risquez pas à lui présenter vos copines. Tous les garçons éclatèrent de rire ; Ismaël lui-même sourit, presque malgré lui. Il s'étonnait que ces jeunes gens qui tout à l'heure se faisaient une tête impénétrable de bravaches en montant la garde devant l'hôtel, soient devenus ces joyeux drilles. En arrivant à l'arrêt de l'autobus pour Guanabo, ils donnèrent tous à Ismaël une poignée de main en lui disant qu'ils espéraient le revoir. Je ne sais pas où ils trouvent encore la force de rire, observa Ismaël, après tant d'heures de garde. Toi aussi tu as ri après avoir marché toute la matinée dans La Havane et être rentré à pied à l'hôtel. Sais-tu aussi que je n'ai rien mangé ? Je le sais, fit Carlos. Tu ne vas pas prétendre, j'espère, que ce sont mes boyaux qui te l'ont appris. C'est la réalité qui me l'a appris, répondit Carlos, où diable aurais-tu trouvé quelque chose à manger ? As-tu déjà oublié qu'il y a du rationnement ici ? Ne t'en fais pas, de toute façon j'ai pris mon petit déjeuner à l'hôtel, dit Ismaël à Carlos qu'il s'était mis à tutoyer, peut-être sans s'en rendre compte. J'ai apporté le déjeuner et quelque chose d'autre que j'ai obtenu à la cantine ouvrière, ah, quelle chance, voici la *guagua*. A l'arrivée de l'autobus, il y eut une telle cohue dans la file d'attente que le chauffeur décida de faire redémarrer son véhicule à vide. Mais Carlos ouvrit la portière d'un coup, en tirant Ismaël ; certains qui faisaient la queue profitèrent de l'aubaine pour se hisser aussi dans l'autobus, qui repartit presque vide sous les huées de la foule enragée... Au moins la mer est restée pareille, dit Ismaël en arrivant finalement à la plage. Oui, répondit Carlos, cela ils n'ont pas encore pu le changer tout à fait ; puis il se déshabilla en ne gardant sur lui que son slip vert olive, et il s'allongea sur le sable. Nous sommes dans la zone autorisée pour la baignade, dit-il alors, plus loin commence la zone militaire, après c'est la zone technique. Mais assieds-toi ; là dans mon panier il y a un short, je te l'ai apporté pour le cas où tu aurais oublié ton maillot. Ismaël esquissa un refus, mais un geste de Carlos suffit à l'arrêter. Eh ben, je n'en reviens pas, dit le jeune homme, ne crois pas qu'il soit facile d'arriver jusqu'ici, surtout pas pour moi. Allez, enfile ce short et allons nager. Car je suppose que tu sais nager, après tout tu as franchi la mare et de plus, tu es cubain. Ismaël ne dit rien. Pas encore déshabillé, il s'allongea sur le sable et posa la tête sur le short vert olive que Carlos lui avait offert. *Cubain,* pensa-t-il. Il se demanda ce que pouvait signifier ce mot pour Carlos. Peut-être monter la garde, manger à la cantine ouvrière, surveiller les touristes (les suspects comme lui), se montrer aimable envers eux, leur soutirer le plus de renseignements possible, ensuite faire un rapport. *Cubain.* Mais ce mot n'était-il pas devenu ridicule ? Surtout, il commençait à le comprendre, si on l'appliquait à lui-même, Ismaël. Qu'avait-il encore à voir avec ce pays, avec ce peuple plein de ressentiment, mis en esclavage, craintif ou hypocrite ? Non, il n'appartenait plus à cette réalité mais, se dit-il, pas davantage à l'autre, il n'aimait pas non plus l'autre réalité ; jamais, c'était certain, il n'avait pu s'identifier au monde dans lequel il vivait depuis quinze ans. *Mais je pourrais encore moins m'identifier à celui d'ici.* Une fois de plus, comme tant d'autres fois, un sentiment d'autocompassion, *un sentiment ridicule de pitié envers moi-même,* l'envahit. Car à vrai dire, même ce paysage qu'il avait tant désiré contempler ne l'avait pas impressionné. Il est vrai que la plage n'était plus la même que celle qu'il avait fréquentée trente ans auparavant : elle était sale, à l'abandon, presque sans arbre. Quant à la ville, c'était un cauchemar qu'il voulait quitter le plus vite possible. Et une fois de retour à New York, il serait plongé dans une terreur absolue car il saurait définitivement que ce monde, qui ne serait jamais le sien, qui ne lui appartenait pas et auquel il était indifférent, était tout ce qu'il possédait. C'est-à-dire le seul endroit où, comme une ombre, il pourrait continuer d'exister. *Pourquoi suis-je venu ? Pourquoi suis-je retourné ?* Et il se voyait déjà, toujours plein de pitié envers lui-même, pataugeant dans la neige new-yorkaise, triste, furieux, presque résigné... Mais la voix de Carlos qui le poussait à se déshabiller pour enfiler le short le tira de ses méditations. Oui, oui, tout de suite. Pudiquement, il se dirigea avec le short vert olive vers un promontoire de pierres (apparemment une tranchée abandonnée), où il se déshabilla. Tu as l'air d'un conscrit, lui dit Carlos quand Ismaël revint affublé de ce short, trop grand pour lui d'ailleurs. J'espère qu'on ne va pas m'enfermer à la caserne, répondit Ismaël, en se demandant : Et toi, qui es-tu ? Une putain ? Un flic chargé de me surveiller ? Les deux, sans doute. Enfin, quelle importance, conclut-il en s'allongeant sur le sable. Mais lorsqu'il entendit Carlos siffloter à côté de lui, il ne put se retenir et s'écria : C'est incroyable, hier soir, tu avais l'air d'un homme amer et cynique, aujourd'hui tu es tout différent. Carlos ne répondit pas immédiatement. Il dit ensuite : Hier soir j'étais un garde, aujourd'hui je suis un être humain. Jusqu'ici, je crois n'avoir vu que des gardes, répliqua Ismaël. Oui, dit Carlos, on vient d'instaurer la Loi de la Mobilisation Permanente. Contre qui ? questionna Ismaël. Contre tout ce qui est vivant, dit soudain Carlos très fort. Je suppose qu'étant un flic tu n'as pas à craindre que d'autres flics t'entendent, observa Ismaël. Je ne suis pas flic ! cria alors Carlos. T'entends, je ne suis pas flic !... Mais alors que faisais-tu hier soir en uniforme ?... C'est obligatoire. Que veux-tu que j'y fasse ? Que je meure de faim, que ma mère aussi meure de faim ? Ignores-tu qu'ici tout ce qui n'est pas interdit est obligatoire ? Je suppose que si tu es parti d'ici, c'est pour une raison. C'est pour cela que je suis parti, dit Ismaël, à cause des policiers, pour ne pas être un policier, car si tout est obligatoire, il est également obligatoire d'être un policier... Moi je ne suis pas un policier ! protesta à nouveau Carlos. Un policier, c'est celui qui dénonce les autres, celui qui surveille et qui moucharde, moi pas... Toi, si tu voyais quelqu'un faisant quelque chose contre le gouvernement, tu le dénoncerais aussi. Non ! protesta Carlos. Si, dit Ismaël, même si tu ne voulais pas le dénoncer, tu devrais le faire, sinon l'autre qui, si ça se trouve est un policier, te dénonce parce que tu ne l'as pas dénoncé, lui. À nouveau, Carlos se tut, puis il dit : En tout cas, jusqu'à maintenant je ne l'ai jamais fait... Quel est le sens d'une vie pareille, dit tout à coup Ismaël, pas comme une question mais une constatation. Aucun, sans doute, affirma Carlos, mais elle a peut-être encore moins de sens si on est mort... Mais je ne suis pas mort, protesta Ismaël. Je ne parle pas de toi, lui répondit Carlos, je parle de ceux qui n'ont pu en supporter davantage et qui se sont suicidés, de ceux qui un jour ont protesté et sont morts aussi. Tu comprends ? Parfaitement, lui répondit Ismaël. Aujourd'hui, c'est le 24 décembre, dit lentement Carlos, celui qui s'aviserait de fêter Noël pourrait aller en prison. J'ai apporté des friandises de Noël pour ma famille, déclara Ismaël. Jette-les dans la cuvette des WC, ici tout ce qui pourrait rappeler une autre époque prend des allures de crime. Alors je ne m'explique pas comment on laisse entrer ici une personne comme moi : je suis d'une autre époque. Toi tu représentes des dollars, et le gouvernement en a besoin. Tu vaux ce que tu apportes. Le gouvernement a aussi besoin de jeunes intelligents et beaux comme toi pour embobiner des visiteurs aussi stupides que moi... Mais oui, il en a besoin et il les a, tu peux en être sûr, mais tu peux aussi être sûr que je ne suis pas de cette espèce, lui répondit Carlos ; et il poursuivit : J'ai eu un ami qui, lui, en était pour de bon ; c'était un garçon comme moi ; ce n'était pas un mauvais bougre, mais petit à petit il s'est laissé embringuer (on l'a embringué) dans la police secrète. Ici c'est un mérite. Un jour, alors qu'il était de garde, il m'a téléphoné à la centrale où j'étais standardiste, et il m'a dit : Je t'appelle seulement pour prendre congé de toi, adieu. Un coup de feu a éclaté. Il avait mis le canon du fusil dans sa bouche ; sa tête a volé en éclats. J'ai entendu le coup de feu car il avait laissé le téléphone décroché. Il voulait me faire entendre ce coup de feu, son adieu. Après un silence, Carlos ajouta : Toi tu es parti d'ici parce que tu as pu le faire. Mais maintenant ce n'est pas possible. C'est interdit. Pour nous il n'y a pas d'issue. Non, je ne suis pas un policier, je ne veux pas l'être et je ne le serai pas, mais je ne veux pas non plus finir comme mon ami. Et je ne suis pas le seul. Oui, je sais à quoi tu penses : Pourquoi est-ce qu'ils ne se révoltent pas, puisque tout est aussi sinistre, pourquoi ne font-ils pas quelque chose. Pourquoi ? Pour les mêmes raisons qui t'ont empêché de te révolter. Parce que nous ne pouvons pas. Est-ce que tu ne t'es pas rendu compte qu'il y a une armée de criminels et de profiteurs qui sont au-dessus de nos têtes et qui nous élimineraient si nous protestions ? Regarde par là-bas, tout ce quartier, toutes ces clôtures, toutes ces voitures, ceux qui habitent là, ceux qui vivent là et jouissent de tout ça, ce sont eux les vrais policiers, pas nous... Des gens passèrent près d'Ismaël et de Carlos, qui se tut. Ensuite on entendit un long coup de sifflet provenant d'un endroit sur la plage. C'est le premier avis pour nous faire quitter la côte, dit Carlos, une fois la nuit tombée, personne ne peut rester au bord de la mer. C'est un délit. Ils craignent que l'on se sauve, même à la nage. Mais nous avons encore une heure devant nous, nous pouvons nous baigner. Les deux hommes se jetèrent à l'eau et se mirent à nager jusqu'à la ligne réglementaire signalée par des flotteurs blancs. Ils restèrent longtemps à faire la planche. Carlos parlait, mais Ismaël l'écoutait à peine, émerveillé par la tiédeur de l'eau en plein mois de décembre. Encore une chose qui n'avait pas changé, la tiédeur, la mer, la transparence où l'on peut flotter des heures et des heures loin de tout, de tout. *Le ciel est toujours le même, l'eau est toujours la même, le soleil est le même, mais où suis-je, moi, où est cette époque d'illusions, lointaines et entamées, mais illusions encore, où est réelle-*

ment ma jeunesse, qu'ai-je fait de ma jeunesse, quels amis ai-je eus, de quels plaisirs ai-je joui, quelles douces folies inoubliables ai-je commises, où sont les fantasmes qui me poursuivent toujours car ils n'ont jamais pu se réaliser, qu'ai-je fait, qu'ai-je fait de ma vie. Car ma vraie tragédie, ce n'est pas d'avoir atteint cinquante ans (une vraie tragédie par ailleurs), mais de ne les avoir jamais vécus.
Alors Ismaël plongea dans ces eaux tièdes que dorait maintenant le soleil couchant, il descendit jusqu'au fond les yeux ouverts, cherchant, essayant de récupérer, de rattraper, de recueillir dans le sable cette jeunesse, sa propre jeunesse devenue irrécupérable, et pour cela de plus en plus désirée et indispensable... Je suis jeune, je suis jeune, je suis jeune, se dit-il. Impossible que je ne sois plus jeune alors que j'éprouve encore la même chose qu'un jeune, que j'ai encore les désirs, les besoins, les souffrances d'un jeune... Alors, aussi longtemps que son souffle le lui permit, il resta au fond, presque collé au sable tiède en espérant que par l'effet d'une grâce supérieure, unique, il retrouverait au fond de l'eau sa jeunesse, et qu'il émergerait complètement transformé. Ismaël remonta à la surface. Le jeune homme était là, flottant près de lui (de lui, le vieux), se rapprochant encore plus de lui (lui, le vieux) pour lui dire sa terreur. J'ai tenu à vous emmener jusqu'ici (maintenant, mon Dieu, il se remettait à le vouvoyer, de sorte que loin d'avoir rajeuni, Ismaël se dit qu'il avait vieilli davantage), j'ai tenu à vous emmener jusqu'ici, sur cette plage, et à vous entraîner au large, pour vous dire que vous n'êtes pas la première personne que j'emmène ici ; chaque fois qu'un touriste arrive à l'hôtel, homme ou femme, je l'invite : s'il accepte, je l'emmène ici, je l'invite à nager et une fois au grand large, le plus loin possible, là où nul ne peut entendre que cette personne et moi, là où aucun espion ne peut nous entendre, je lui dis toujours ce que je vais vous dire à vous : sortez-moi d'ici, sortez-moi d'ici. Faites tout votre possible pour me sortir d'ici, d'une façon ou d'une autre je vous le paierai, de la façon qui vous plaira, de la façon qui vous conviendra, mais dites-moi que vous ferez tout votre possible, que vous

essaierez au moins... Mon cher ami, dit alors Ismaël profondément déçu que le jeune homme l'ait vouvoyé, nous nous sommes connus hier soir, justement pendant votre tour de garde militaire, et aujourd'hui vous me demandez de vous sortir du pays ; est-ce que tout cela n'est pas une sorte de folie ?... Bien sûr que c'est une folie, l'interrompit Carlos en faisant quelques brasses, mais tu ne t'en rends pas compte *(Tiens, tu es revenu au « tu » !)*, tout ce pays est une folie, vivre ici est une folie, alors toute folie faite pour sortir de cette folie est un signe de sagesse... Je sais, je sais, dit Ismaël tandis qu'ils se disposaient à rejoindre le rivage (car le second coup de sifflet venait de retentir). Mais qu'est-ce que je peux y faire ? Qu'est-ce que je peux y faire ?... Pensez-y bien, réfléchissez — dit Carlos, en revenant au vouvoiement, comme si l'importance de la supplique lui interdisait de dire « tu » — un contact, une ambassade, un bateau. Il doit bien y avoir un moyen. De là-bas, il y a plus de possibilités. Si je pouvais te croire, dit Ismaël en remuant le sable avec son pied. Je ne veux pas que vous me croyiez, dit Carlos, mais que vous m'aidiez. Et si vous ne pouvez pas m'aider, je souhaite au moins une chose : Quand vous arriverez là-bas, quand vous redeviendrez un être humain, dites ce que vous avez vu, racontez à tout le monde ce que je vous ai dit. C'est entendu, mais je changerai ton nom pour ne pas te causer de tort, lui répondit Ismaël. Les deux hommes pressèrent le pas car le troisième coup de sifflet retentissait sur toute la plage. Loin de la côte, sur l'esplanade autorisée pour le repos, ils s'assirent. Carlos sortit le dîner qu'il avait apporté. D'abord, Ismaël refusa de manger, sous prétexte qu'il n'avait pas d'appétit, alors qu'en fait il mourait de faim. Mais Carlos lui déclara qu'il ne pouvait en aucun cas s'abstenir de goûter aux « croquettes du palais », ainsi nommées, dit-il, non pour leur saveur royale mais parce qu'elles te collent au palais et qu'il n'y a rien à faire pour les en déloger. Ce sera un bon souvenir, dit Ismaël ironiquement en acceptant l'offre, mais aussitôt il s'aperçut avec horreur que la croquette s'était collée non pas à son palais mais à son dentier, si bien qu'il ne pouvait même plus parler, alors tout cela, la croquette, ses dents artificielles l'accablèrent de tristesse, une fois de plus. Finalement, à la dérobée, il put s'introduire un doigt dans la bouche pour se débarrasser de cet aliment collant. Le repas terminé, ils se rhabillèrent, mais aucun des deux ne semblait décidé à rentrer à La Havane. En silence, assis par terre près des reliefs du repas, ils restèrent un moment dans le crépuscule envahi par le tintamarre des cigales et le violet du ciel, *comme une miséricorde du temps, comme une miséricorde du temps,* pensa alors Ismaël baigné par cette lumière, oui il pensa : Mon Dieu, pourquoi suis-je revenu, pourquoi ai-je dû revenir ? Soudain, sans pouvoir se l'expliquer, il associa la lettre d'Elvia à l'un de ces insectes qui grinçaient à éclater, entre les arbres. Il commença à faire nuit. Carlos se tenait toujours auprès de lui, accroupi par terre, les bras autour des genoux, regardant vers la mer où l'on apercevait déjà les patrouilles nocturnes et le scintillement des vedettes garde-côte. Même l'esplanade où ils se tenaient fut illuminée par de puissants projecteurs, et les patrouilles du parcours territorial firent leur apparition. Partons avant qu'ils ne viennent nous ennuyer en nous demandant nos papiers, fit Carlos ; il se mit debout et tendit la main à Ismaël pour l'aider à se relever. Cette main, Ismaël la repoussa ou l'ignora, et il se releva tout seul. De petits sentiers serpentaient dans l'obscurité, cherchant la route phosphorescente. Les lumières de la zone militaire luxueuse, réservée aux officiers, s'allumèrent. Un faisceau se mit à tourner illuminant les nuages avant de retomber sur la mer. Ismaël découvrit alors quelque part dans la mer un arbre immense (apparemment un pin centenaire) resté debout, et là soudain des oiseaux (mouettes ? urubus ? sarcelles de Floride ?), surgis apparemment des vagues, se réfugièrent d'un coup comme pour tromper presque miraculeusement un poursuivant implacable. Une fois sur la route, Ismaël put revoir la plage déserte et la mer qui se désintégrait sur le sable. Au loin, au-dessus de la mer dont il avait tant rêvé et que maintenant il souhaitait retraverser au plus vite, apparut la lune, sur la face de laquelle il crut voir un rictus d'amertume qui n'excluait pas la compassion. Une fois de plus, une sensation de solitude hors du temps, que nul subterfuge ne pouvait éluder, une impression de déracinement indépendante de toutes les circonstances, de toute patrie récupérée (chose au demeurant impossible), de toute jeunesse retrouvée (chose au demeurant impossible), de tout désir et même de tout bonheur atteint (choses au demeurant impossibles) l'envahirent. C'était un exil cosmique, et il était si rigoureusement implacable qu'il n'avait même pas d'explication plausible, et encore moins, de solution... La queue pour l'autobus de La Havane faisait plusieurs pâtés de maisons. Carlos laissa Ismaël garder la place au bout et s'aventura vers l'avant. Je vais peut-être trouver un ami et on pourra se faufiler, dit-il à voix basse à Ismaël. Ismaël se vit entouré de nombreux jeunes gens qui le regardaient avec curiosité. Sans doute à cause de mes vêtements étrangers, se dit-il. Il faisait nuit noire, mais la lumière de la lune éclairait tous ces corps, les imprégnant d'une vitalité pour ainsi dire élastique qu'ils n'avaient peut-être pas eue le jour. Ismaël les voyait rire, jouer entre eux, courir parfois entre les arbustes pour réapparaître subitement, l'air encore plus rayonnant. Ces jeunes gens pauvrement vêtus, certains aux souliers percés et aux pantalons raccommodés, avaient un air d'insouciance, de désinvolture, d'irresponsabilité totale, de vitalité épanouie qui ne semblait pas s'accorder avec l'atmosphère répressive dans laquelle ils vivaient, cependant, à cause même de cette répression peut-être, ils gardaient cette vitalité, ce besoin de jouer, de ne rien prendre au sérieux et de profiter du fait d'être en vie et inoccupés, à cet instant précis du moins. Il n'y avait aucun subterfuge dans leur façon de s'exhiber, de regarder Ismaël droit dans les yeux, en lui faisant parfois un geste équivoque. Oui, malgré une telle répression, ou à cause d'elle peut-être, ces jeunes gens n'observaient aucune règle de conduite. Ismaël lui-même, vivant à New York depuis tant d'années (et dans la fameuse *Hell Kitchen)*, ne pouvait s'empêcher de rougir devant certains de ces gestes qui lui promettaient ostensiblement, s'il se décidait, des aventures corsées, risquées peut-être... Bientôt, pendant la courte absence de Carlos, quelques garçons vinrent aborder Ismaël en lui demandant cigarettes, allumettes et chewing-gum. Pour ces jeunes, tout objet étranger était un talisman qui les mettait en contact avec un autre monde, dont ils rêvaient à leur manière. Un monde différent sans doute, différent sans doute, se disait Ismaël, de ce qu'il est, de ce qu'il est réellement. Ne sachant quoi leur donner, il leur offrit ses mouchoirs, les chaussettes qu'il portait (dont quelqu'un l'avait complimenté avec envie), sa ceinture, son portefeuille avec les dollars qu'il contenait. Tout ceci provoqua un élan enthousiaste, empreint d'une joviale complicité, entre les garçons et Ismaël. Il n'en est pas moins vrai qu'aucun de ces garçons, malgré les insinuations manifestes, n'intéressa Ismaël : il éprouvait trop de pitié envers eux pour être capable de les désirer. Quand Carlos revint enfin (il avait décroché une place au tout début de la queue!), Ismaël était déjà connu comme l'oncle de l'étranger auquel tout le monde voulait montrer un endroit particulier. Mais Ismaël se sentit très soulagé de leur dire adieu et de monter dans le bus... De nuit, vu de l'intérieur de l'autobus, le paysage semblait récupérer la beauté, l'enchantement, le prestige qu'il n'avait peut-être jamais eus. Près de la vitre, près de Carlos, Ismaël contemplait ces grandes extensions blanchies par la lune : les petites collines, les arbres qui projetaient leur ombre sur l'esplanade. De temps à autre, la lumière d'une maison clignotait et disparaissait à l'horizon où se dressait un ciel qui n'aurait pu contenir une étoile de plus. Ismaël sentit ou crut sentir, tandis que l'autobus bondé avançait sur la route, une plénitude mystérieuse — Noël, la Nativité, fête ancestrale unique — qui se répandait sur ce pays esclave en apportant l'esprit, malgré l'interdiction légale, d'un événement unique. La naissance d'un enfant, d'un petit paysan aux parents indéterminés — justement pour cette raison, il les considérait comme des dieux — qui était venu s'immoler, se livrer, se faire crucifier, afin que le mythe de la vie, c'est-à-dire de l'amour, ne s'éteigne pas. Car il n'y avait qu'un seul mot, ici et partout ailleurs, se dit Ismaël, *en me contredisant, je le sais,* qui pourrait nous sauver, et il n'était autre, il ne pouvait être que ce mot ancien et maltraité, dans bien des endroits prohibé, pourchassé, ailleurs commercialisé et déformé. L'amour. Même si aux yeux de certains il pouvait passer pour ridicule ou terrible, c'était le mot. Il n'y en avait pas d'autre. On aurait beau retourner la question dans tous les sens, malgré les nombreux livres, traités ou codes passés ou à venir contre toute l'horreur, au-dessus de toute liberté et de toute persécution, de tout désespoir, panique ou lassitude, ce mot impossible et lointain comme les étoiles (mais également indispensable et patent), se dressait comme une consolation... Afin d'économiser du carburant le conducteur, en vertu d'instructions supérieures, avait éteint les lumières à l'intérieur de l'autobus. Ismaël ne fut pas surpris quand, dans la pénombre, il se vit en train de tendre la main, de prendre celle de Carlos et de lui dire à voix basse : Je voudrais qu'à l'arrivée à l'hôtel, tu montes avec moi dans ma chambre, là nous serions plus tranquilles pour parler. Là on ne pourrait pas parler du tout, chuchota Carlos sans retirer sa main, car dans toutes les chambres sont installés des micros. D'ailleurs, je ne peux pas monter dans les chambres car le policier de la réception, enfin, le réceptionniste, ne l'autorise pas. Retirant sa main de la main d'Ismaël, il se tut. Puis il reprit : Je ferai mon possible, de toute façon. Avant leur arrivée à l'hôtel, Carlos avait déjà un plan pour monter dans la chambre. Comme il devait venir le lendemain pour pointer dans les bureaux de surveillance, il dirait aux miliciens qu'il allait rester faire plusieurs heures de travail volontaire dans ces bureaux, dans le but d'additionner des primes pour le Grand Anniversaire ; après avoir pointé dans ce bureau, dont les dépendances se situaient au sous-sol de l'hôtel, il monterait dans la chambre d'Ismaël. Restait un grave obstacle, le réceptionniste-policier, qui bien sûr ne laisserait pas Carlos prendre l'ascenseur. Alors Carlos tira de sa besace un journal *Granma Unidimensionnel Nocturne* et donna les instructions suivantes à Ismaël : il devrait donner le journal au réceptionniste en guise de cadeau innocent pour lui permettre de se détendre, mais à l'intérieur du journal il y aurait un billet de cent dollars, laissé là comme par négligence. De cette manière le réceptionniste ne pourrait accuser Ismaël de tentative de corruption, se défendant ainsi pour le cas où Ismaël lui-même serait un policier déguisé, et si c'était un policier incorruptible, il ne pouvait pas davantage accuser directement Ismaël puisque le billet était à l'intérieur du journal. Des trocs de ce genre, ou l'acceptation des dollars (même si cela était durement châtié), se produisaient fréquemment au Triton, expliquait Carlos. Il y a là une boutique où l'on peut faire des achats en dollars. Tous les employés meurent d'envie d'y acheter quelque chose, mais en même temps ils dénoncent tous les trafics pour se faire bien voir dans leur entreprise. Fais attention ; bien entendu, dit Ismaël en prenant le *Granma Unidimensionnel Nocturne*. Bon, dit Carlos, alors si le réceptionniste prend le journal sans protester, tu lui diras que tu attends l'édition matinale du journal qu'un camarade de garde te montera dans ta chambre. Bien sûr, s'il ne te dit rien, c'est signe que c'est possible. Alors je monterai aussitôt avec l'édition matinale du *Granma Unidimensionnel.* Parfait, murmura Ismaël. Mais il y a encore un autre problème, dit Carlos : le liftier, enfin, le policier de l'ascenseur. Quant à lui, c'est moi qui dois me charger de lui remettre un autre *Granma Unidimensionnel* avec un autre billet dedans. Je lui dirai que c'est un cadeau de ta part, et tu dois le lui annoncer en prenant l'ascenseur. Il comprendra sûrement quand il verra le billet de cent dollars. Je le connais mieux que le type de la réception. Mais rappelle-toi qu'il faut agir avec discrétion, à voix basse, et que l'argent ne doit pas être visible à l'œil nu. Il y a des caméras dans l'ascenseur et dans le hall mais heureusement, ils ne les ont pas encore installées dans les chambres, sauf dans des cas très particuliers. Ne t'en fais pas, dit Ismaël, que toutes ces démarches pour faire monter Ismaël dans sa chambre excitaient. Mais il ajouta : Par-dessus le marché, je n'ai pas un dollar sur moi. Je les ai offerts aux gars de la plage. Je dois d'abord monter dans ma chambre. Vas-y vite dit Carlos, il est presque minuit et à cette heure-ci la relève de la garde pourrait nous causer plus de problèmes. Comme un bolide, Ismaël monta dans sa chambre et redescendit avec les deux cents dollars, il en donna cent à Carlos et remit les cent autres dans le *Granma Unidimensionnel Nocturne* au réceptionniste qui, en vrai professionnel, le prit en se bornant à dire du bout des lèvres « merci citoyen ». Ismaël donna le mot de passe indiqué et prit l'ascenseur. Le policier de l'ascenseur était un vieillard qui avait toujours l'air somnolent. Ismaël lui répéta avec insistance qu'il attendait un *Granma Unidimensionnel Matinal* autorisé par le réceptionniste. Il se dit aussitôt qu'il avait peut-être commis une erreur en répétant si souvent la même chose. Il entra dans sa chambre presque en tremblant ; avec désespoir, il vit que la pendule de la table de chevet sonnait minuit ; avec une profonde tristesse il vit les aiguilles marquer minuit trente, sans vouloir penser mais en pensant tout de même : jolie astuce pour me voler cent dollars et en faire gagner cent autres à son associé de la réception, ils sont sûrement de mèche. C'est un sot, après tout, s'il m'avait demandé les deux cents dollars, je les lui aurais donnés, sans qu'il ait eu besoin d'avoir recours à de tels subterfuges. À une heure, bien qu'il n'eût pas la moindre envie de dormir, il se disposa à passer au lit. Alors on frappa doucement à la porte de sa chambre. Ismaël sauta de son lit et se précipita pour ouvrir. Devant lui, avec un autre *Granma Unidimensionnel Matinal,* se trouvait Carlos. Je vous ai apporté un journal pour que vous le gardiez, c'est un document très important que tout citoyen doit lire. Carlos dit cela à haute voix en faisant signe à Ismaël de ne pas ouvrir la bouche. Il entra aussitôt dans la chambre, débrancha le téléphone et recouvrit avec un oreiller deux prises qui se trouvaient près du lit. Après une inspection minutieuse dans toute la chambre et la salle de bains, Carlos ouvrit la bouche. On t'a attribué une chambre normale, dit-il, je ne crois pas qu'il y ait d'autres micros que ceux que nous avons neutralisés. Apparemment, pour eux, tu n'es pas un type dangereux. Là, sur le *Granma* je t'ai mis mon adresse pour que tu m'écrives un jour. J'ai été stupide de fermer la porte, dit Ismaël encore ému, quelqu'un t'a peut-être surpris à frapper ; la patrouille de surveillance peut venir. Ne t'en fais pas, dit Carlos, les journaux ont rempli leur rôle admirablement, jamais auparavant le *Granma* n'avait eu pour moi autant de mérite. Assieds-toi, le pria Ismaël. Il se mit aussitôt à fouiller dans ses valises en disant : J'ai une bouteille d'alcool, il faut que tu boives un coup ; j'ai aussi apporté des boîtes de conserve. On va en ouvrir une. Tu dois être mort de faim. Ah, et puis ici il y a des vêtements, j'ai apporté trop d'affaires pour mon fils, je veux que tu les essaies et que tu choisisses ce qui te plaira. Ouvrant plusieurs valises, Ismaël déploya sous les yeux du jeune homme des tee-shirts bariolés, des pantalons de différentes marques, des chaussures rutilantes, des chaussettes, des jambons, des bouteilles d'alcool, des boîtes de café, un magnétophone et des dizaines d'autres objets. Carlos, indifférent à cet étalage, se cala dans un fauteuil et dit : N'oublie pas ce dont nous avons parlé à la plage. Je ne l'oublierai pas, s'écria Ismaël en élevant la voix, je t'assure que je ne l'oublierai pas, il suffit que tu me donnes les instructions. Il n'y a pas d'instructions, tout dépend du hasard, de la chance, des démarches que tu pourras entreprendre là-bas, répondit Carlos, et il ajouta en baissant la voix : c'est moi qui suis en prison ; toi, de l'extérieur, tu dois chercher la corde. Et n'oublie pas (lui dit-il dans un souffle, comme s'il ne se fiait pas à l'inspection qu'il avait menée dans sa chambre), pas un mot à personne de ce que nous venons de dire, à personne d'ici. N'oublie pas que tu pars et que je reste. Ne t'en fais pas, ne t'en fais pas, dit Ismaël. Il s'approcha, une chemise et un pantalon dans les mains. Mais je t'en prie, accepte maintenant ceci en cadeau. Tu es si jeune, tout doit t'aller si bien. Essaie-les et prends ce qui te conviendra. Tandis que Carlos se déshabillait, Ismaël déposa près de lui un tas de vêtements. Le jeune homme prit plusieurs de ces habits, un pantalon chiné, un tee-shirt bleu, des chaussures de tennis, il s'habilla non sans cérémonie, puis se regarda dans le miroir. On dirait que tout cela a été fabriqué pour moi, dit-il en souriant. Émerveillé, Ismaël resta en contemplation devant lui. Habillé ainsi, Carlos avait l'air encore plus beau. Son teint, ses yeux, son corps, il avait soudain acquis des pieds à la tête un éclat, une jeunesse bouleversante. C'est pour toi, c'est pour toi, disait Ismaël en tournant autour du jeune homme, de plus en plus émerveillé de sa beauté. Non, fit Carlos et il commença à se déshabiller. Où puis-je aller avec ces vêtements ? Si je sors avec ça sur le dos et que la patrouille me demande l'acte de propriété, que vais-je répondre ? Comment, s'écria Ismaël hors de lui, il faut avoir aussi un acte de propriété des vêtements que l'on porte sur soi, mais c'est horrible. Je me réjouis que tu le comprennes, dit Carlos qui, déjà déshabillé, restait debout près d'Ismaël tandis qu'il lui restituait ses vêtements, je pourrai peut-être accepter un jour ton cadeau, quand je réussirai à me barrer d'ici. Tu y parviendras, tu y parviendras, chuchota Ismaël en prenant Carlos par le bras, tu dois y parvenir. Je ferai tout ce qui est en mon pouvoir pour que tu y parviennes. Toi, dit Carlos d'un ton calme, en s'asseyant tout nu sur le fauteuil, tu ne te souviendras pas de moi dès que j'aurai passé cette porte. Non ! hurla Ismaël, oubliant d'éventuels micros non débranchés. Ne crois pas que tout le monde soit comme ça. Moi, moi... moi je t'aime. Je ne peux t'expliquer maintenant, jamais peut-être, combien j'ai attendu ce moment, tu ne peux imaginer ce qu'a été ma vie durant ces quinze années loin d'ici, tu ne pourrais absolument pas comprendre, je ne pourrais d'ailleurs pas te l'expliquer, combien j'ai souffert, la solitude que j'ai endurée, combien de haine et de rancœur j'ai accumulées dans ma mémoire, tu ne me croirais pas, non, tu ne pourrais pas me croire, si je te disais que jamais à New York, malgré toutes les libertés dont on jouit là-bas, je n'avais fait venir un ami dans mon appartement, non jamais. Toi, toi tu es la première personne que j'invite depuis plus de vingt ans, tu es l'unique personne qui a pu changer toute ma vision du monde, oui, du monde, pas seulement de ma personne, pas seulement de ma conviction erronée selon laquelle je ne trouverais jamais personne qui vaille la peine de se sacrifier ; et ce n'est pas seulement cela qui est très important à mes yeux, mais autre chose, autre chose : tu représentes pour moi la certitude que malgré toute l'horreur, la pire des horreurs, l'être humain ne peut être anéanti. Carlos, Carlos, murmura encore Ismaël presque en larmes, et il s'agenouilla aux pieds du jeune homme nu en l'étreignant. Tu réalises, n'est-ce pas, que j'étais mort et que tu m'as ressuscité ? Oui, ne ris pas, ne crois pas que mes paroles soient ridicules, pour d'autres peut-être bien, mais c'est la pure vérité. Tu dois t'en aller ! Tu dois partir d'ici ! dit alors Ismaël en se relevant. Je ferai tout mon possible pour te sortir d'ici. Il doit y avoir un moyen. Écoute, j'ai une idée : ici, manifestement, chacun a deux visages, l'officiel et l'authentique. J'ai vu ça, même les policiers de la secrète se laissent soudoyer pour cent dollars. Et si au lieu de cent, c'était mille, dix mille, vingt mille ? Tu ne penses pas ? Tu ne penses pas ? Qu'en penses-tu ? Avec une telle somme d'argent nous tenterions, prudemment bien sûr, de soudoyer un garde-côte, un officier disposant d'une vedette ; moi, je réunirais l'argent. Je l'ai déjà, l'argent ! D'un bond, Ismaël alla au miroir et montra à Carlos toute sa fortune, le reste des vingt mille dollars qu'il avait apportés de New York. Tu vois, tu vois, dit-il en s'approchant du jeune homme qui l'observait, assis dans le fauteuil. Tu vois ? Voici l'argent. Pourquoi l'ai-je apporté ? Pourquoi l'ai-je apporté ? C'est sûrement quelque signe mystérieux. Rien ne justifiait que je vienne en visite à Cuba avec toutes mes économies. Mais les voici. Elles sont à toi, elles sont à toi, si tu estimes que grâce à elles il existe la moindre possibilité pour toi, même infime, de quitter le pays. Carlos prit l'argent, le regarda avec indifférence et le restitua à Ismaël. Jamais je ne pourrai accepter cet argent, dit-il. D'ailleurs, cela non plus ne marche pas aussi facilement ici. Le service de la garde côtière, c'est toute une flotte, pas un homme indépendant ou une petite embarcation. Pardonne-moi si je t'ai fait perdre la journée avec ma demande. Je sais que je ne pourrai jamais partir d'ici. Non ! s'écria encore Ismaël. C'est faux. Tu y arriveras, tu y arriveras. Sinon, plus rien n'aurait de sens. Ici presque plus rien n'a de sens, dit Carlos d'une voix calme. Range toutes ces affaires, demain nous penserons à une quelconque solution. Éteins la lumière, peut-être me suis-je trompé, et il y a une caméra dissimulée. Ah, et puis buvons un verre après tout, malgré les apparences, aujourd'hui c'est Noël. Dans la pénombre de la chambre, Ismaël déboucha rapidement une bouteille et remplit deux verres. En silence, les deux hommes portèrent un toast. Carlos se leva de son fauteuil, alla vers la fenêtre, posa le verre sur la table de nuit où le réveil indiquait deux heures du matin, tira les rideaux et s'allongea sur le lit. Ismaël qui avait à peine effleuré son verre, se coucha à côté du jeune homme. Quand il tendit les mains pour palper le corps nu de Carlos, Ismaël sentit qu'il atteignait un endroit et un temps ignorés mais pourtant pas inconnus. Il eut une sorte d'intuition que cet homme (ce corps, cette beauté) l'avait attendu lui, exclusivement. Que ce torse, ces cuisses, ce sexe, ce serpent dressé, le jeune homme tout entier était une terre promise, quelque chose que le manque d'amour, la désillusion et le ressentiment avaient écarté, mais dont secrètement, tout au fond de lui-même, il savait que pour avoir refusé d'accepter la possibilité de cette rencontre, elle n'en devenait que plus sublime. Tout cela n'avait pas été vain, renonciation, rejet, exil, désenchantement et solitude, si cela l'avait mené à ce jeune homme qui n'était pas seulement beau, mais encore sensible. Toute l'horreur, toutes les humiliations, tout le temps passé disparurent du monde d'Ismaël quand Carlos exalté se retourna pour étreindre Ismaël. À cet instant, Ismaël cessa d'être un homme de cinquante ans pour se transfigurer à son tour en un beau jeune homme qui était aimé et possédé par son beau compagnon. Sensation de flotter, certitude de se diluer, de se fondre, de s'intégrer à quelqu'un qui étant lui-même — lui-même — est son contraire, la résistance désirée et adorée, *car étant soi-même il peut nous procurer le plaisir d'être un autre, cet autre moi que dans le déchirement on a déjà cru disparu et qui soudain, en plein enfer, en pleine flamme, est retrouvé...* Sensation d'exister, de se sentir parcouru, envahi, entouré, d'un corps vivant, plein de désir, doux, jeune, ardent et complice, *et surtout dangereux, et surtout dangereux,* et surtout éphémère, et surtout impossible à retenir, *et surtout impossible, une fois qu'on l'a possédé, qu'on en a joui d'y renoncer...* Sensation d'être pour la première fois, vivant, et pour cette raison justement prêt au sacrifice, à l'adieu imminent, au risque, jusqu'à la mort elle-même dans toute sa vérité et dans toute sa gloire. Comment se pouvait-il qu'il ne se soit jamais rendu compte auparavant que c'était cela, précisément, la vie ? Car dans son cas — dans tous les cas peut-être — être vivant c'est être en danger, en danger imminent. Car être vivant c'est être à la merci de corps étranges, beaux, néfastes, dans une chambre provisoire, dans des lieux infestés d'assassins ou entre des murs où l'on avait sûrement branché toutes sortes de micros qui allaient enregistrer ses halètements triomphaux. Comment se pouvait-il que tant d'années durant il n'ait pas compris qu'il n'y a que deux options : le risque qu'implique l'aventure d'un certain bonheur, ou bien le repliement, la mort lente, nanti d'une sécurité sans signification ni brio, prévue, mesquine jusque dans ses jouissances triviales, éloignée de toute explosion vitale, de toute grandeur, et par conséquent de tout risque. Ismaël comprit et admira subitement ces drogués qui s'écroulaient foudroyés dans les rues de New York, ces clochards qui crevaient un beau jour, de même que ceux qui avaient mené une vie dissolue. Quel meilleur hommage à la vie que d'exploser, précisément parce qu'on a vécu. Oui, il avait fallu ce voyage à La Havane, retourner là-bas, revenir dans ce pays effroyable sans doute et unique, pour ressentir tout cela, pour savoir — pour comprendre — définitivement, toutes ces choses-là. Ismaël se serra contre le corps du jeune homme qui semblait le désirer follement comme si lui aussi l'attendait depuis longtemps. Formant une seule transpiration, le même chuchotement, une seule plénitude, ils s'endormirent.

Quand Ismaël se réveilla, encore plongé dans une ivresse délicieuse, la plénitude de midi faisait irruption par les fenêtres, se moquant des rideaux et baignant toute la chambre. Instinctivement, il tendit le bras pour caresser Carlos, mais le jeune homme n'était plus dans le lit. Ismaël se redressa et le chercha des yeux à travers la chambre. Il l'appela, se disant qu'il devait être à la salle de bain, mais il ne reçut aucune réponse. Ismaël se leva du lit en se disant qu'avec la porte de la salle de bain fermée, Carlos ne pouvait l'entendre. Et puis, l'idée de prendre une douche avec lui le stimulait. Alors, debout au milieu de la chambre, dans la lumière qui entrait à flots à travers les rideaux, Ismaël comprit d'un coup ce qui s'était passé. Profitant de son sommeil, Carlos était parti, emmenant tous ses bagages, toutes ses affaires, ainsi que l'argent ; ses quinze années d'économies, les cadeaux qu'il avait apportés pour Elvia et pour Ismaëlito, et même les vêtements qu'il avait ôtés pour se coucher, tout s'était évaporé. Il ne restait plus dans la chambre qu'une édition du *Granma Unidimensionnel Matinal,* son passeport, son billet de retour à New York et le short vert olive (toutes choses que Carlos ne pouvait évidemment pas négocier). Ismaël ne possédait plus rien d'autre. Lentement, Ismaël ouvrit les rideaux pour laisser entrer la clarté si proche au-delà de laquelle s'estompait la mer. Au moins, dit-il alors en prenant le short vert olive et en regardant la chambre vide, ce n'était pas un rêve. Nous avons passé la nuit ensemble... L'idée ne l'effleura pas de prévenir la police. Il pensait, non sans raison, que s'il la prévenait, il se ridiculiserait, et ne pourrait rien récupérer *au contraire. Cela lui causerait d'autres problèmes et il serait fiché une fois de plus.* Il devrait révéler qu'il avait reçu un homme dans sa chambre, alors que selon le règlement de l'hôtel — imprimé et affiché sur la porte — « il était formellement interdit de recevoir des visites ». De plus, Ismaël éprouvait une étrange admiration devant l'habileté — et même la sensibilité — que le jeune homme avait déployée afin de le dévaliser. Pour le moment, ce qui l'ennuyait le plus, c'était d'être obligé d'enfiler ce short vert olive et de sortir pieds nus dans la rue. Car bien sûr, catastrophe ou pas, il était venu voir sa femme et son fils, et il lui fallait absolument les rejoindre. Ensuite, avec des vêtements usagés d'Ismaëlito (dire qu'il attendait ses cadeaux!), il rentrerait à New York. Quant à l'explication qu'il serait tenu de fournir à Elvia et à son fils, il y réfléchirait plus tard. Tout avait été trop brutal, trop violent pour qu'il soit capable de raisonner dans l'immédiat. Ainsi donc, Ismaël enfila le short vert olive, dans lequel il nageait, prit pour tout bagage une serviette de l'hôtel, et léger comme l'air, il emprunta l'ascenseur, descendit dans le hall et sortit vers la 5e Avenue. Par chance, ce 25 décembre était si ensoleillé qu'on aurait pu se croire en été (ce fut du moins l'impression d'Ismaël), si bien que personne ne s'étonnerait à la vue d'un touriste en short. Afin de ne pas attirer l'attention (encore que plusieurs policiers de la Patrouille Spéciale Diurne l'aient suivi subrepticement dès l'instant où il avait quitté sa chambre), Ismaël se dirigea vers la bourgade de Santa Fe en prenant soin de longer la côte, sauf quand les clubs ouvriers ou les unités militaires l'en empêchaient. Tous ces détours rendaient le trajet plus long et aussi plus pénible. Il traversa des terrains rocailleux, des terre-pleins, des récifs qui lui lacérèrent pieds et mains car il s'étalait sans arrêt. Heureusement, à mesure qu'il s'éloignait du quartier Miramar, la menace d'une arrestation semblait diminuer. Mais de nouveaux périls surgissaient : des bandes de garnements, l'air de vagabonds ou de délinquants au petit pied, le regardaient de travers. Certes il n'avait rien que l'on puisse lui voler, à part la serviette qui portait les initiales de l'hôtel Triton, c'est pourquoi il la laissa tomber dans l'herbe; aussitôt la bande se jeta dessus. Inconsciemment semble-t-il, Ismaël s'empara d'un grand tronc d'arbre très lourd que les vagues avaient déposé sur le rivage, et il reprit sa marche en le portant sur l'épaule. Au bout de deux ou trois heures de marche avec cette poutre sur le dos, ses cheveux en bataille, son corps en sueur et couvert de boue, son short déchiré et ses pieds en sang, Ismaël ne risquait plus du tout de passer pour un touriste, il avait plutôt l'air d'un fou. Que pouvait-il être d'autre, ce vieux type en short vert olive qui traînait un tronc d'arbre vermoulu tout au long du bord de mer. C'est en fou qu'il fut traité par la bande de voyous qui, pour s'amuser, se mirent à lui jeter des pierres et même à le frapper à coups de pieu, de courroie et de barre de fer. Ismaël tomba à plusieurs reprises mais, toujours avec son tronc d'arbre, il se releva et se remit en marche. En passant près d'une unité militaire, le soldat en faction fit fuir la foule (car maintenant c'était une vraie foule qui pourchassait et frappait Ismaël), et convaincu que cet homme ne pouvait être que l'un des nombreux maniaques qui se débrouillaient toujours pour se montrer ici ou là (malgré la campagne officielle contre les vagabonds), il frappa Ismaël de la culasse de son fusil et lui assena un coup de pied ; puis il lui ordonna de laisser ce tronc d'arbre sur place et de disparaître s'il ne voulait pas que l'on appelle immédiatement la patrouille. Encore pourchassé par les jets de pierre et les coups de bâton, Ismaël lâcha la poutre et alla se perdre sur le rivage en trébuchant. Il faisait presque nuit lorsqu'il arriva à Santa Fe. Très vite malgré son état lamentable, il suivit la rue où il n'était pas passé depuis vingt ans, il tourna au coin, à l'endroit même où dans sa jeunesse il avait rencontré Sergio, l'adolescent qui semblait devoir resurgir de la mer d'un instant à l'autre. Mais le bourg était désert et dans un état de délabrement tel que même Ismaël, dans l'état où il se trouvait, pouvait y passer inaperçu. Sans s'attarder sur ces ruines, Ismaël avança un peu plus loin et se trouva enfin devant le bâtiment où il avait vécu avec Elvia. Tout en se demandant encore quelles explications plus ou moins sensées il pourrait leur donner, il monta les escaliers et frappa à la porte. Elvia en personne vint ouvrir. Un peu plus grosse, un peu plus vieille, un peu plus triste, mais c'était elle. C'était elle qui maintenant se jetait à son cou en l'invitant à entrer dans la maison (« dans ta maison », fit-elle en le scrutant.) On m'a dévalisé, dit Ismaël en guise de salut, je vais t'expliquer, je vais t'expliquer. N'importe, dit-elle —

elle paraissait sincère — l'important est que tu sois revenu, que tu ne nous aies pas oubliés. Ismaëlito était très impatient ; je ne sais pas pourquoi il se doutait que tu arriverais aujourd'hui. Il t'attend sur le balcon, mais j'ai l'impression qu'il ne t'a pas vu entrer dans l'immeuble. Alors Elvia appela Ismaëlito pour lui dire que son père venait d'arriver. Ismaël était déjà assis quand, par la porte-fenêtre, apparut Carlos, le beau jeune homme avec lequel il avait passé la nuit et qui l'avait dévalisé. En vérité il avait encore plus belle allure dans ces vêtements modernes et juvéniles qu'Ismaël avait achetés à New York. Pour lui précisément. Radieux, le fils vint au-devant du père et l'étreignit. Elvia, ravie, se mit à pleurer en s'unissant à cette étreinte qui se prolongea quelques minutes. Puis avec une véritable dévotion, elle lava, essuya et soigna les pieds ensanglantés d'Ismaël, et elle l'aida à mettre un pyjama d'Ismaëlito. Passons à la salle à manger, dit-elle, je me suis procuré une cuisse de porc au marché noir (elle baissa la voix en un murmure), alors nous allons fêter Noël pour de bon, comme on ne l'a pas fait depuis des années. Ils s'attablèrent tous les trois. Le père en face du fils. Rapidement, Elvia mit le couvert, il ne manquait plus que le cochon de lait, qu'elle alla chercher à la cuisine ; les deux hommes restèrent seuls. Les vêtements te vont très bien, dit Ismaël à Ismaëlito. Oui, ils sont faits sur mesure pour moi, répondit le fils, et prenant la main de son père, il ajouta : ne crois pas que j'ignorais qui tu étais, je l'ai su dès l'instant où je t'ai rencontré quand j'étais de garde. Tu mens ! s'écria Ismaël, interrompant Ismaëlito. Je ne mens pas, maman gardait quelques photos de toi. Je t'ai reconnu immédiatement. Et je suis sûr que tu as deviné qui j'étais. Je t'ai dit des choses sur toi-même que tu ne m'avais jamais dites. Tu mens ! répéta Ismaël en élevant la voix. Je ne mens pas, fit Ismaëlito. Je savais que tu étais mon père et je m'en réjouissais ; toi tu savais que j'étais ton fils. N'essaie pas de te leurrer, car moi je ne l'ai pas fait. Cherche le journal que je t'ai laissé dans la chambre. Te souviens-tu que j'y avais noté mon nom et mon adresse ? Tu ne les as pas lus ? Mon vrai nom, qui est le tien, est marqué dessus, ainsi que mon adresse, celle d'ici. Je t'ai laissé cela hier soir dans la chambre. J'ai cru que tu le lirais, au moins le lendemain, en découvrant que j'étais parti avec toutes les affaires. C'était la manière la plus efficace d'identifier le voleur. Tu mens ! s'écria alors Ismaël si fort qu'Elvia, qui revenait avec le cochon rôti, dit en souriant : Mais c'est affreux, vous venez de vous revoir après tant d'années, et vous vous chamaillez déjà ! Bon, je m'en réjouis, cela veut dire que malgré le temps passé, vous ne vous sentez pas comme deux étrangers qui ne se connaissent pas. Ce n'est pas pour rien qu'Ismaëlito examinait si souvent tes photos, ajouta-t-elle ; et les yeux fixés sur Ismaël, elle servit le cochon de lait. Sache que ton fils n'a jamais cessé de t'évoquer et de t'attendre. Tu te rends compte, hier, au prix de mille difficultés, m'a-t-il dit, il s'est procuré ces vêtements pour te faire honneur. Oui, je vois, dit Ismaël en observant son fils. Naturellement, poursuivit Elvia, ce genre de vêtements il ne peut les porter qu'à la maison, dehors, il lui faudrait présenter les actes de propriété. Oh, Ismaël, comme les choses ont changé depuis ton départ. Nous avons tant de choses à nous dire. Il faut que tu me racontes l'affaire du vol. Forcément, ce pays est devenu un repaire de truands. Je recommande toujours à Ismaëlito de faire très attention. Ici même, au coin de la rue, l'autre jour, on a tué un garçon pour lui prendre sa radio. Le voleur a été attrapé grâce à la radio, qui était allumée et qu'il ne savait pas comment éteindre. Il a préféré se laisser capturer plutôt que de la jeter. Mais commençons à dîner et cessons de parler de ces choses-là, dit Elvia sans cesser de parler. Ismaël éprouva de la pitié envers elle en voyant combien elle avait changé. Elvia poursuivit : En réalité, le but de ma lettre était de te faire venir pour t'exposer une affaire très grave — elle baissa la voix autant qu'elle le put : Ismaëlito voudrait que tu l'aides à quitter le pays. J'ignore de quelle façon — dit-elle en jetant des regards effrayés tout autour d'elle —, mais toi, tu es son seul espoir.

Avant de répondre, Ismaël regarda son fils qui approuva,

se tourna vers Elvia puis, après un nouveau regard sur le jeune homme, il dit :

— Ismaëlito sait que je ferai tout mon possible, et plus encore, pour lui permettre de sortir d'ici.

Oubliant le Comité de Surveillance, Elvia applaudit. Elle embrassa Ismaël et Ismaëlito. *Puis nous nous sommes mis à dîner tous les trois, en silence.*

PREMIER VOYAGE
Tant pis pour Éva (La Havane, 1971), 7

DEUXIÈME VOYAGE
Mona (Miami Beach, octobre 1986), 67

TROISIÈME VOYAGE
Voyage à La Havane
(New York, octobre-novembre 1983-
septembre-novembre 1987), 109

BABEL

Extrait du catalogue

418. CAMILO CASTELO BRANCO
 Amour de perdition

419. NIKOLAJ FROBENIUS
 Le Valet de Sade

420. DON DELILLO
 Americana

421. GÉRARD DELTEIL
 Dernier tango à Buenos Aires

422. FRANCIS ZAMPONI
 In nomine patris

423. INTERNATIONALE DE L'IMAGINAIRE N° 12
 Jean Duvignaud

424. INTERNATIONALE DE L'IMAGINAIRE N° 13
 Jeux de dieux, jeux de rois

425. CLAUDE PUJADE-RENAUD
 Le Sas de l'absence *précédé de* La Ventriloque

426. MICHEL LIS
 Le Jardin sur la table

427. MICHEL LIS ET PAUL VINCENT
 La Cuisine des bois et des champs

428. FÉDOR DOSTOÏEVSKI
 Le Crocodile

429. FÉDOR DOSTOÏEVSKI
 Le Petit Héros

430. FÉDOR DOSTOÏEVSKI
 Un cœur faible

431. NANCY HUSTON
L'Empreinte de l'ange

432. HELLA S. HAASSE
La Source cachée

433. HERBJØRG WASSMO
La Chambre silencieuse

434. FRANÇOISE LEFÈVRE
La Grosse

435. HUBERT NYSSEN
Le Nom de l'arbre

436. ANTON TCHEKHOV
Ivanov

437. ANTON TCHEKHOV
Pièces en un acte
(à paraître)

438. GÉRARD DE CORTANZE
Les Vice-Rois

439. ALICE FERNEY
Grâce et dénuement

440. ANNE-MARIE GARAT
L'Insomniaque

441. FÉDOR DOSTOÏEVSKI
Humiliés et offensés

442. YÔKO OGAWA
L'Annulaire

443. MENYHÉRT LAKATOS
Couleur de fumée

444. ROGER PANNEQUIN
Ami si tu tombes

445. NICOLE VRAY
Monsieur Monod

446. MICHEL VINAVER
Ecritures dramatiques

447. JEAN-CLAUDE GRUMBERG
La nuit tous les chats sont gris

448. VASLAV NIJINSKI
Cahiers

449. PER OLOV ENQUIST
L'Extradition des Baltes

450. ODILE GODARD
La Cuisine d'amour

451. MARTINE BARTOLOMEI / JACQUES KERMOAL
La Mafia se met à table

452. AMADOU HAMPÂTÉ BÂ
Sur les traces d'Amkoullel l'enfant peul

453. HANS-PETER MARTIN / HARALD SCHUMANN
Le Piège de la mondialisation

454. JOSIANE BALASKO *et alii*
Le père Noël est une ordure

455. FÉDOR DOSTOÏEVSKI
Premières miniatures

456. FÉDOR DOSTOÏEVSKI
Dernières miniatures

457. CH'OE YUN
Là-bas, sans bruit, tombe un pétale

458. REINALDO ARENAS
Avant la nuit

459. W. G. SEBALD
Les Emigrants

460. PAUL AUSTER
Tombouctou

461. DON DELILLO
Libra

462. ANNE BRAGANCE
Clichy sur Pacifique

463. NAGUIB MAHFOUZ
    Matin de roses

464. FÉDOR DOSTOÏEVSKI
    Le Bourg de Stépantchikovo et sa population

465. RUSSELL BANKS
    Pourfendeur de nuages

466. MARC de GOUVENAIN
    Retour en Ethiopie

467. NICOLAS VANIER
    Solitudes blanches

468. JEAN JOUBERT
    L'Homme de sable

469. DANIEL DE BRUYCKER
    Silex

470. NANCY HUSTON
    Journal de la création

471. ALBERTO MANGUEL
    Dictionnaire des lieux imaginaires

472. JOYCE CAROL OATES
    Reflets en eau trouble

473. ANNIE LECLERC
    Parole de femme

474. FÉDOR DOSTOÏEVSKI
    Les Annales de Pétersbourg

475. JEAN-PAUL JODY
    Parcours santé

476. EDUARD VON KEYSERLING
    Versant sud

477. BAHIYYIH NAKHJAVANI
    La Sacoche

478. THÉODORE MONOD
    Maxence au désert

479. ÉRIC LEGASTELOIS
    Adieu Gadjo

480. PAUL LAFARGUE
    La Légende de Victor Hugo
    (à paraître)

481. MACHIAVEL
    Le Prince

482. EDUARD VON KEYSERLING
    Eté brûlant

483. ANTON TCHEKHOV
    Drame de chasse

484. GÖRAN TUNSTRÖM
    Le Voleur de Bible

485. HERBJØRG WASSMO
    Ciel cruel

486. LIEVE JORIS
    Les Portes de Damas

487. DOMINIQUE LEGRAND
    Décorum

488. COLLECTIF sous la direction de JEAN-MICHEL RIBES
    Merci Bernard

489. INTERNATIONALE DE L'IMAGINAIRE N° 14
    Eros & Hippos

490. STEFANO BENNI
    Le Bar sous la mer

491. FRANCIS ZAMPONI
    Le Don du sang

492. JAMAL MAHJOUB
    Le Télescope de Rachid

493. FÉDOR DOSTOÏEVSKI
    Les Pauvres Gens

494. GUILLAUME LE TOUZE
    Dis-moi quelque chose

495. HEINRICH VON KLEIST
Théâtre complet

496. VIRGINIE LOU
Eloge de la lumière au temps des dinosaures

497. TASSADIT IMACHE
Presque un frère

498. NANCY HUSTON
Désirs et réalités

499. LUC SANTE
L'Effet des faits

500. YI MUNYŎL
Le Poète

501. PATRÍCIA MELO
Eloge du mensonge

502. JULIA VOZNESENSKAYA
Le Décaméron des femmes

503. ILAN DURAN COHEN
Le Fils de la sardine

504. AMINATA DRAMANE TRAORÉ
L'Etau

505. ASSIA DJEBAR
Oran, langue morte

506. V. KHOURY-GHATA
La Maestra

507. ANNA ENQUIST
Le Chef-d'œuvre

508. FÉDOR DOSTOÏEVSKI
Une sale histoire

509. ALAIN GUÉDÉ
Monsieur de Saint-George

510. SELMA LAGERLÖF
Le Banni

511. PER OLOV ENQUIST
    Le Cinquième Hiver du magnétiseur

512. DON DELILLO
    Mao II

513. MARIA IORDANIDOU
    Loxandra

514. PLAUTE
    La Marmite *suivi de* Pseudolus

515. NANCY HUSTON
    Prodige

516. GÖRAN TUNSTRÖM
    Le Buveur de lune

517. LYONEL TROUILLOT
    Rue des Pas-Perdus

COÉDITION ACTES SUD – LEMÉAC

Ouvrage réalisé
par l'Atelier graphique Actes Sud.
Achevé d'imprimer
en novembre 2001
par l'imprimerie Hérissey
à Evreux
pour le compte
d'ACTES SUD
Le Méjan
Place Nina-Berberova
13200 Arles.

N° d'éditeur : 4399
Dépôt légal
1re édition : janvier 2002
N° impr. : 91314